기초영어 1000문장 말하기 연습

박미진 지음

이제 지겨운 '공부'는 그만하고,
'연습'으로 말문을 틔우자!

기초영어
1000문장
말하기연습

토마토
출판사

Speaking Practice – 한국어를 영어로 전환하는 영작 연습

1. 한 페이지에 10문항씩 있어요. 한 문항을 보고 이해하는데 3초, 생각하고 말하는데 3초, 그래서 한 문항당 6초를 소비한다면, 한 페이지에 1분, 100문항을 10분 안에 만드는 연습을 할 수 있어요.

2. 강의를 들으면서 함께해요. 집중하는데 도움도 되고 이해하기도 더 쉬울 거예요.

3. 이제 혼자 말하면서 연습을 해보아요! 녹음기를 켜고 하면 나의 발음도 체크하고, 시간도 체크할 수 있으니 일석이조 이겠죠?

4. 이제 책의 맨 뒷장을 펴고 정답을 확인해 보아요. 강의 들으며 입으로 만들어 보면서 한 번, 글로 보면서 다시 말하면서 두 번, 답 맞추면서 세 번, 이렇게 한 문항을 세 번이나 반복할 수 있어요!

5. 시간이 있다면 마지막엔 글로도 써보세요! 만약 쓰기가 힘들다면 강의를 다시 들으면서 꾸준히 반복적으로 훈련해보는 것도 좋겠네요!

Review - 지금까지 배운 요소를 구분하는 연습

1. 여기는 처음부터 빠르게 변환하려고 하지 말고, 문장 속의 요소를 구분하는 연습이 필요해요. 한 문장씩 차근차근 읽어보고, 영어로 어떻게 말하는지 생각해보고, 천천히 말하는 연습을 해요.
2. 쓰면서 다시 생각해보는 연습을 해요.
3. 답을 확인해 보아요.

Dialogue Practice - 실제 상황에서의 응용

1. 영어를 먼저 읽어보아요!
2. 문장을 보면서 이게 배운 것 중에서 어떤 부분에 해당되는지 생각해봐요! (want to 인지, have to 인지 등등) 이렇게 구분만 할 수 있어도 너무 좋아요!
3. 영어가 익숙해지면, 뒤 페이지에 있는 한국어를 보며 입으로 영작에 도전해 보아요!

[힌트]와 하이라이트의 활용

힌트가 있는 문항이 있어요. 힌트를 보고 문장을 만들어요. 영어 문장을 떠올리는데도 도움되고, 적을 때는 스펠링도 도움이 되어서, 단어를 직접 찾아보는데 시간을 소요할 필요가 없어요!
하이라이트는 급하게 가지 말고, '잠깐!' 생각해 보라는 거예요! 조금 주의해야 답을 찾을 수 있으니, 하이라이트 부분은 별표를 하고 자세히 봐주세요!

목차

Unit

0

시작하기

동사란?

주로 동작, 움직임이 들어간 단어로,
우리말의 먹다, 마시다, 가다, 일하다 등에 해당되는 단어예요.

언어에서 동사가 왜 중요한 걸까요?

유일하게 동사만 문장에서 변형을 해요.

'먹다'를 예로 들면, '먹다'는 먹을 거다, 먹고 싶다, 먹어야 돼, 먹을 수 있어, 먹어
봤어 등으로 변형하고, 변형을 통해 더욱 정확한 의미를 표현하고, 문장을 완성
시킵니다.

영어 말하기 순서

한국말은 먼저 부연 설명을 한 후에, 가장 중요한 동사를 마지막에 사용하지만,

(예: 언제? ➜ 지금 ➜ 어디에/뭘? ➜ 집에 ➜ 하는데? ➜ 가)

영어는 핵심인 동사가 들어간 부분을 늘 먼저 말하고, 그 다음 궁금하거나 중요한 순서대로 말합니다.

(예: 가다 go ➜ 그럼 궁금한 어딜? home ➜ 그럼 궁금한 언제? ➜ now)

영어는 반말? or 존댓말?

우리 문화는 경험과 나이를 더 갖춘 사람에 대한 예의의 표현으로 존댓말을 사용하지만, 사람과 나이를 가리지 않고 모두 존중하고자 하는 외국의 문화에 빗대어 보았을 때, 영어는 반말, 존댓말이 따로 존재하는 것이 아니라, 모두 존댓말이라고 생각합니다.

Unit

1

하고 싶은 걸
말하고 싶을 때

하고 싶은 걸 말하고 싶을 때

want to (wanna) '~할래'

회화에서 자신이 하고 싶은 것을 표현하거나, 상대방이 원하는 것이 무엇인지 묻는 것은 대화의 핵심입니다.

따라서 '~하고 싶어, 할래'의 의미를 가진 'want to'는 일상생활, 여행 등 다양한 상황에서 매우 유용하게 쓸 수 있는 표현입니다.

Positive (긍정)	Negative (부정)	Question (의문)
I want to (I wanna)	I don't want to (I don't wanna)	Do you want to? (Do you wanna?)
~할래(요) ~하고 싶어(요)	~안 할래(요) ~안하고 싶어 / 하기 싫어(요)	할래(요)? ~하고 싶어(요)?

문장의 핵심단어인 '동사'를 넣습니다!

('to'는 동사원형의 친구예요.)

Positive (긍정)	Negative (부정)	Question (의문)
갈래 (가다 + 할래) I want to go.	안 갈래 I don't want to go.	갈래? Do you want to go?
너 만나고 싶어 (만나다) I want to meet you.	너 만나기 싫어 I don't want to meet you.	만날래? Do you want to meet?

긍정문 "I want to"

☞ 오른쪽 힌트를 이용해서, 직접 문장을 만들어보세요!

훈련용 MP3

정답확인 : P 238

01	알고 싶어. 🔊	[알다 + 하고 싶어 = 알고 싶어, 알다 know]
02	여기서 기다리고 싶어. 🔊	[여기서 here, 주의: 동사가 늘 먼저 옵니다, 기다리다 wait]
03	난 너를 내일 만나고 싶어. 🔊	[내일 tomorrow: 영어에서는 시간이 제일 마지막, 만나다 meet]
04	책 읽고 싶어. 🔊	[읽다 read , 책 a book]
05	TV 보고 싶어. 🔊	[(TV를)보다 watch]
06	집에 가고 싶어. 🔊	[가다 go]
07	화장실에 가고 싶어. 🔊	[화장실에 to the bathroom/ toilet]
08	이거 하고 싶어. 🔊	[하다 do , 이거 it/ this]
09	숙제 하고 싶어. 🔊	[숙제 하다 do homework]
10	엄마한테 전화하고 싶어. 🔊	[전화하다 call / ring / phone]

긍정문 "I want to"

☞ 오른쪽 힌트를 이용해서, 직접 문장을 만들어보세요!

11	영어 공부하고 싶어. ≋))	[공부하다 study]
12	영어 배우고 싶어. ≋))	[배우다 learn]
13	뭔가를 먹고 싶어. ≋))	[먹다 eat, 뭔가 something]
14	콜라를 마시고 싶어. ≋))	[마시다 drink]
15	동생에게 물어보고 싶어. ≋))	[물어보다 ask, 동생 my brother / my sister]
16	내 책을 가져오고 싶어. ≋))	[내 책 my book, 가져오다 bring]
17	이거 가져가고 싶어. ≋))	[가져가다 take]
18	이거 사고 싶어. ≋))	[사다 buy]
19	이거 입고 싶어. ≋))	[입다(옷), 신다(신발,양말), 끼다(장갑), 쓰다(모자) wear]
20	이거 해보고 싶어. ≋))	[해보다, 시도하다 try]

긍정문 "I want to"

☞ 오른쪽 힌트를 이용해서, 직접 문장을 만들어보세요!

21	이거 쓰고 싶어. (사용) 🔊	[쓰다, 사용하다 use]
22	그거 쓰고 싶어. (글씨) 🔊	[쓰다, 적다 write, 그거 it/that]
23	이거 가지고 싶어. 🔊	[가지다, 소유하다 have]
24	이거 가지고 있고 싶어. 🔊	[가지고 있다, 보관하다 keep]
25	너의 펜 빌리고 싶어. 🔊	[빌리다 borrow]
26	널 도와주고 싶어. 🔊	[도와주다 help]
27	그거 찾고 싶어. 🔊	[찾다 find]
28	그거 생각해 보고 싶어. 🔊	[생각하다 think about]
29	고맙다고 말하고 싶어요. 🔊	[말하다 say]
30	미안하다고 말하고 싶어. 🔊	

긍정문 "I want to"

☞ 오른쪽 힌트를 이용해서, 직접 문장을 만들어보세요!

31	여기에서 일하고 싶어.	[일하다 work]
32	내 친구한테 문자하고 싶어.	[문자하다 text]
33	핸드폰으로 게임하고 싶어.	[게임하다 play a game, 핸드폰으로 on my phone]
34	셀카 찍고 싶어.	[셀카 찍다 take a selfie]
35	사진 찍고 싶어.	[사진 찍다 take a picture/ photo]
36	여기 저기 가고 싶어.	[여기 저기 here and there]
37	모든 곳에 가고 싶어.	[모든 곳 everywhere]
38	여행하고 싶어. 그리고 세계를 보고 싶어.	[여행하다 travel]
39	좋은 시간을 보내고 싶어.	[좋은 시간을 보내다 have a good time]
40	큰 꿈을 가지고 싶어.	[큰 꿈을 가지다 have a big dream]

부정문 "I don't want to"

☞ 오른쪽 힌트를 이용해서, 직접 문장을 만들어보세요!

41	여기 앉기 싫어. 🔊	[앉다 sit]
42	아무 말 하고 싶지 않아. 🔊	[말하다 say, 아무것도 anything]
43	이번 주말엔 나가고 싶지 않아. 🔊	[나가다 go out, 이번 주말 this weekend]
44	지금 나가기 싫어. 🔊	[지금 now]
45	이거 여기다 놓고 싶지 않아. 🔊	[놓다, 두다 put, put 뭘? 어디 에? =put it here]
46	(이거) 하기 싫어. 🔊	[하기 싫어??!! 무슨 동사가 숨 어있을까요?? '하다' do!]
47	아무것도 하기 싫어. 🔊	[아무것도 anything]
48	이거 버리기 싫어. 가지고 있고 싶어. 🔊	[버리다 throw-away: 이렇게 생 긴 숙어에서는 '이거'를 가운데다 넣어주세요. 예: throw away it (X) , throw it away (O)]
49	아무것도 먹고 싶지 않아. 🔊	
50	지금 결정하고 싶지 않아. 🔊	[결정하다 decide]

부정문 "I don't want to"

☞ 오른쪽 힌트를 이용해서, 직접 문장을 만들어보세요!

51	걔랑 얘기하고 싶지 않아. 🔊	[얘기하다, 대화하다 talk to/ speak to]
52	여기 있고 싶지 않아. 🔊	[있다, 머무르다 stay]
53	불평하고 싶지 않아. 🔊	[불평하다 complain]
54	그거 기억하고 싶지 않아. 🔊	[기억하다 remember]
55	이거 듣기 싫어. 🔊	[듣다 listen to]
56	그거 보고 싶지 않아. 🔊	[보다 see/look at]
57	알고 싶지 않아. 🔊	
58	그거 생각하기 싫어. 🔊	
59	이거 그 애한테 주기 싫어. 🔊	[주다 give-to 사람]
60	내일은 일찍 일어나고 싶지 않아. 🔊	[일어나다 get up, 일찍 early]

Speaking Practice

1min

의문문 "Do you want to"

☞ 오른쪽 힌트를 이용해서, 직접 문장을 만들어보세요!

61	여기 올래? 🔊 Do you want to _____?	[오다 come]
62	몇 시에 올래? 언제 올래? 🔊 What time do you want to _____?	[의문사는 맨 앞!! Unit1에서는 밑줄로 표시했습니다.]
63	지금 갈래? 언제 갈래? 🔊	
64	어디 갈래? 🔊	
65	뭐 할래? 🔊	[할래??!! 무슨 동사가 숨어있 을까요? = 하다!! do!]
66	이거 먹을래? 🔊	
67	뭐 먹을래? 🔊	
68	뭐 마실래? 🔊	
69	우유 마실래? 🔊	
70	어느 거 살래? 🔊	[어느 것 which one]

Speaking Practice

1min

의문문 "Do you want to"

☞ 오른쪽 힌트를 이용해서, 직접 문장을 만들어보세요!

71	이거 살래 아님 저거 살래?	[아니면 or]
72	이거 먹어 볼래?	[먹어보다 try]
73	너도 올래?	
74	지금 나갈래? 언제 나갈래?	
75	전화 다시 할래?	[전화 다시 하다 call-back, 예: call me back]
76	10분 있다가 전화 다시 할래?	[10분 있다가 in ten minutes]
77	나랑 내일 저녁 먹을래?	[나랑, 나와 함께 with me]
78	어디서 만날래? 몇 시에 만날래?	
79	뭐 볼래? 이거 볼래?	
80	내 우산 빌릴래?	[빌리다 borrow]

의문문 "Do you want to"

☞ 오른쪽 힌트를 이용해서, 직접 문장을 만들어보세요!

81	그거 생각해 볼래?	[생각해보다, 생각하다 think about]
82	이 책 갖고 싶니?	
83	뭐 갖고 싶어?	
84	잠깐만 기다릴래?	[잠깐만 for a minute]
85	나랑 같이 갈래?	
86	뭐 말하고 싶은데?	
87	어느 거 쓸래?	
88	어디 앉을래?	[앉다 sit]
89	이거 입어볼래?	[입어보다, 신어보다, 꺼보다, 써보다 try-on; '이거'는 가운데 넣어주세요= try it on]
90	이거 해볼래요?	[해보다, 시도하다 try]

의문문 "Do you want to"

☞ 오른쪽 힌트를 이용해서, 직접 문장을 만들어보세요!

91	나랑 셀카 찍을래?	
92	나중에 나한테 문자 할래?	
93	<u>어디</u> 여행하고 싶어?	
94	<u>어디에서</u> 일하고 싶어?	
95	사진 찍고 싶어?	
96	<u>어느 거</u> 다운받고 싶어?	[다운받다 download]
97	<u>어느 영화</u> 볼래?	[어느 영화 which movie]
98	이번 여름에 어디 가고 싶어?	[이번 여름 this summer]
99	거기에 <u>얼마나 오래</u> 있고 싶어?	
100	이거 <u>어떻게</u> 하고 싶어?	

Dialogue Practice

A: I want to buy two tickets.

B: Where do you want to go?

A: I want to go to Sydney.

B: When do you want to leave?

A: I want to leave at 3 (o'clock).

B: Do you want to buy return tickets?

A: No, (thank you) I want to buy one way tickets.

카페

A: Do you want to sit here?

B: Thanks/Thank you.

A: Do you want to drink something? Do you want to drink (some) coffee?

B: I want to drink (some) tea (,please).

약속

A: I want to meet you next week.

B: I want to meet you, too.

A: How about Friday?

B: I want to meet you on Friday.

A: Where do you want to meet?

B: I want to meet in Gangnam.

A: What time do you want to meet?

B: How about 7? Do you want to meet at 7?

A: Ok. See you then.

버스/기차표 구매

A : 티켓 두 장을 사고 싶어요.

B : 어디로 가고 싶어요?

A : 시드니에 가고 싶어요.

B : 언제 출발하고 싶어요? [출발하다, 떠나다 leave]

A : 3시에 출발하고 싶어요.

B : 왕복 티켓 사고 싶나요?

A : 아니요, 편도 티켓 사고 싶어요.

카페

A : 여기 앉을래요?

B : 고마워요.

A : 무언가를 마실래요? 커피 마실래요?

B : 차 마실래요.

A: 다음주에 너 만나고 싶어.

B: 나**도** 너 만나고 싶어. [~도 too: 제일 중요도가 떨어지죠. '도'를 빼도 문장이 완성된 상태니까요… 제일 마지막에 넣어주세요!]

A: 금요일 **어때?** [~어때? = how about / what about]

B: 금요일에 만나고 싶어.

A: 어디서 만날래?

B: 강남**에서** 만날래. [강남에서 in 강남: in 이 없으면 강남'을' 만나는게 됩니다!]

A: 몇시에 만날래?

B: 7시 어때? 7시**에** 만날래? [7시에 at 7]

A: 그래. 그때 보자. [Ok. See you then]

Unit

2

의무를
말하고 싶을 때

의무를 말하고 싶을 때

have to '~해야 돼'

'**의무**'의 뉘앙스가 담겨있는 '**have to - 해야 돼**' 역시, 첫 단원에서 연습한 '**할래**' 만큼 자주 사용하는 표현입니다. 살면서 하고 싶은 것도 있지만, 해야 하는 것도 많으니까요.

특히, 의문문에서는 '**의무**'의 표현 보다도, "제가 몇 시에 와야 돼요? /어디에 앉아야 돼요?" 등, **어떻게, 혹은 뭘 해야 하는 건지 모르는 상황에서** 아주 유용하게 사용할 수 있습니다.

Positive (긍정)	Negative (부정)	Question (의문)
I have to	I don't have to	Do I have to?
~해야 해 ~해야 돼	~안 해도 돼 ~하지 않아도 돼	~해야 돼요? ~해야 해요?

이렇게 만듭니다!

문장의 핵심단어인 '동사'를 넣습니다!

('to'는 동사원형의 친구예요.)

Positive (긍정)	Negative (부정)	Question (의문)
이겨야 돼 (이기다 + 해야 돼) I have to win.	이기지 않아도 돼 I don't have to win.	이겨야 돼? Do I have to win?

주인공(주어)도 눈 여겨 봐주세요!

(예: 이겨야 돼 → 누가? 내가? 너가? 우리가?)

긍정문 "I/We/You have to"

☞ 오른쪽 힌트를 이용해서, 직접 문장을 만들어보세요!

훈련용 MP3

정답확인 : P 240

01	너 그거 봐야 돼. 🔊	[보다 see]
02	너 그 책 읽어봐야 해. 🔊	[읽다 read, 그 책 the book/ that book]
03	나 이거 해야 해. 🔊	[해야 해??!! 어떤 동사가 숨어 있을까요?? = 하다 do]
04	나 지금 집에 가야 해. 🔊	
05	너 여기 4시까지 와야 해. 🔊	[4시까지 by four, 주의: 시간 은 늘 마지막이 좋습니다]
06	나 지금 내 친구 데리러 가야 해. 🔊	[데리러 가다 pick-up, 내 친구 my friend: 가운데 넣어주세 요! =pick my friend up]
07	우리 낼 일찍 일어나야 해. 🔊	[일어나다 get up, 일찍 early]
08	나 지금 나가야 해. 🔊	[나가다 go out/leave]
09	오늘은 일찍 자야 해. 🔊	[자다 go to bed]
10	생각해 봐야겠어. 🔊	[생각해보다, 생각하다 think about]

기초영어 1000문장 말하기 연습

긍정문 "I/We/You have to"

☞ 오른쪽 힌트를 이용해서, 직접 문장을 만들어보세요!

11	나 너한테 뭔가 말해야 돼.	[말해주다(사람에게) tell]
12	너 그거 찾아야 해.	[찾다 find]
13	나 안경을 써야 돼.	[입다, 쓰다 wear, 안경 glasses]
14	우리 Jim한테 먼저 물어봐야 해.	[물어보다 ask, 먼저 first]
15	내 친구하고 먼저 얘기해봐야 해.	[얘기하다 talk to]
16	나 책을 좀 빌려야 해.	[빌리다 borrow]
17	나 이거 Tim한테 빌려줘야 해.	[빌려주다 lend - to + 사람]
18	새것을 사야 해.	[새것 a new one]
19	너가 이해해야 해.	[이해하다 understand]
20	너가 Sam 용서해야지.	[용서하다 forgive]

긍정문 "I/We/You have to"

☞ 오른쪽 힌트를 이용해서, 직접 문장을 만들어보세요!

21	너 편한 신발 신어야 해. 🔊	[신다 wear, 편한 신발 comfortable shoes]
22	방을 좀 치워야 해. 🔊	[치우다 clean, 방 the room]
23	나 낼 걔 보러 가야 해. 🔊	[보러 가다, 방문하다 visit]
24	우리 서둘러야 해. 🔊	[서두르다 hurry]
25	우리 지금 어디 가야 하는데. 🔊	[어디, 어딘가 somewhere]
26	나 지금 은행 가야 해. 🔊	[은행에 to the bank]
27	나 이거 가지고 있어야 해. 🔊	[가지고 있다(버리지 않고), 보관하다 keep]
28	너가 사과해야 해. 🔊	[사과하다 apologize]
29	너 나한테 보여줘야 해. 🔊	[보여주다 show]
30	우리 돈 내야 해. 공짜 아니야. 🔊	[공짜 아니야 It isn't free]

긍정문 "I/We/You have to"

☞ 오른쪽 힌트를 이용해서, 직접 문장을 만들어보세요!

31	너 나한테 약속해야 돼. 🔊	[약속하다 promise]
32	우리 이거 그만 해야 돼. 🔊	[그만 하다, 멈추다 stop]
33	그거 미리 예약해야 돼. 🔊	[예약하다 book, 미리 in advance]
34	그거 미리 계획해야 돼. 🔊	[계획하다 plan]
35	잠깐만, 나 지금 내 친구한테 문자 해야 돼. 🔊	[잠깐만 hang on/hold on]
36	지금 영어 공부해야 돼. 🔊	
37	이거 내일까지 다해야 돼. 🔊	[다하다 finish]
38	이거 사진 찍어서 보내야 돼. 🔊	[~하고 나서, 그리고 and]
39	우리 최대한 빨리 결정해야 돼. 🔊	[최대한 빨리 as soon as possible: a.s.a.p.]
40	너 나한테 내일까지 알려줘야 돼. 🔊	[알려주다 let - know: let me know]

부정문 "I/We/You don't have to"

☞ 오른쪽 힌트를 이용해서, 직접 문장을 만들어보세요!

41	난 거기 안가도 돼. 🔊	
42	너 지금 당장은 이거 안 해도 돼. 🔊	[안 해도 돼?? 무슨 동사가 숨어있을까요? 하다! 지금 당장 right now]
43	나 Jill한테 안 물어봐도 돼. 🔊	
44	나 아무것도 안 빌려도 돼. 🔊	
45	나 아무것도 안 사도 돼. 🔊	
46	너 아무 말도 안 해도 돼. 알아. 🔊	[말하다 say, 아무것 anything, 알아 I know]
47	너 그거 지금 안 찾아도 돼. 🔊	
48	너 물어보지 않아도 돼. 🔊	
49	나 지금 Peter한테 전화 안 해도 돼. 🔊	
50	나 안경 안 써도 돼. 🔊	[쓰다 wear, 안경 glasses]

부정문 "I/We/You don't have to"

☞ 오른쪽 힌트를 이용해서, 직접 문장을 만들어보세요!

51	나 이거 꼭 안 써도 돼. 🔊	
52	나 지금 아무것도 안 해도 돼. 🔊	[안 해도 돼??? 무슨 동사가 숨어있을까요?]
53	나 낼 일찍 안 일어나도 돼. 🔊	
54	너 이거 돈 안 내도 돼. 공짜야. 🔊	[공짜야 It's free]
55	안 그러셔도 돼요. 🔊	[=너 그거 안 해도 돼]
56	우리 지금 안 나가도 돼. 🔊	
57	너 아무것도 안 가져와도 돼. 🔊	[가져오다 bring]
58	너 지금 결정하지 않아도 돼. 🔊	[결정하다 decide]
59	우리 아무것도 안 가져가도 돼. 🔊	[가져가다 take]
60	나 내일 일안해도 돼. 🔊	[일하다 work]

61	이거 돈 내야 하나요? 🔊	
62	이거 어디서 돈 내야 해요? 🔊	
63	내가 얼마 내야 하나요? 🔊	
64	내가 몇 시에 거기 가야 하나요? 🔊	
65	너 내일 일해야 해? 🔊	
66	너 왜 일찍 일어나야 해? 🔊	
67	나 내일 몇 시에 일어나야 해? 🔊	
68	우리 몇 시에 나가야 해? 🔊	
69	나 이거 해야 해요? 🔊	
70	나 이거 왜 해야 하나요? 🔊	

의문문 "Do I/you/we have to?"

☞ 오른쪽 힌트를 이용해서, 직접 문장을 만들어보세요!

71	나 언제 돌아와야 하나요? 🔊	[돌아오다 come back]
72	이거 언제 가지러 와야 하나요? 🔊	[가지러 오다 pick-up: pick it up]
73	내가 몇 시에 가져다 드려야 하나요? 🔊	[가져다주다 drop-off: drop it off]
74	내가 얘 데리러 언제 와야 해요? 🔊	[데리러 오다 pick-up: pick him/her up]
75	나 어느 것으로 써야 하나요? 이거 아님 저거? 🔊	[쓰다, 사용하다 use]
76	내가 알아야 하나요? 🔊	
77	여기에 뭘 써야 하나요? 🔊	[쓰다, 적다 write]
78	나 지금 뭐 해야 하나요? 🔊	
79	나 지금 어디로 가야 하나요? 🔊	
80	어느 길로 가야 돼요? 🔊	[어느 길 which way]

의문문 "Do I/you/we have to?"

☞ 오른쪽 힌트를 이용해서, 직접 문장을 만들어보세요!

81	내가 여기서 기다려야 하나요? 🔊	
82	내가 얼마나 오래 기다려야 하나요? 🔊	
83	나 이거 어디다 둬야 하나요? 🔊	
84	어느 걸로 사야 하나요? 🔊	
85	내가 뭘 가져와야 하나요? 🔊	
86	내가 언제 다시 전화해야 하나요? 🔊	[다시 전화하다 call-back: call you back]
87	너 왜 알아야 하는데? 🔊	
88	너 지금 어딘가 가야 돼? 🔊	
89	너 주말에도 일해야 해? 🔊	[주말 on weekends/ at weekends]
90	제가 언제 알려드려야 돼요? 🔊	[알려주다 let-know: let you know]

의문문 "Do I/you/we have to?"

☞ 오른쪽 힌트를 이용해서, 직접 문장을 만들어보세요!

91	지금 당장 결정해야 되나요?	
92	그거 미리 예약해야 되나요?	
93	이거 언제 끝내야 돼요?	
94	어느 앱을 깔아야 돼요?	[깔다, 설치하다 install / download]
95	왜 그래야 되죠?	[왜 그래야 돼? = 왜 그렇게 해야 돼?]
96	너 꼭 그래야 돼?	[그래야 돼? = 그렇게 해야 돼?]
97	전 영어가 늘고 싶은데. 뭘 연습해야 돼요?	[늘다, 향상하다 improve, 연습하다 practice]
98	Big Land에 가고 싶은데요, 어느 기차 타야 돼요?	[어느 기차 which train, 타다 take]
99	제가 몇 시에 와야 돼요?	
100	어디에 싸인 해야 돼요?	[싸인하다 sign]

복습강의 MP3

Positive (긍정)		Negative (부정)		Question (의문)	
I want to	~할래, 하고 싶어	I don't want to	~안 할래	Do you want to?	~할래?
I have to	~해야 돼	I don't have to	~안 해도 돼	Do I have to?	~해야 돼?

기초영어 1000문장 말하기 연습

정답확인 : P 243

01	난 지금 가고 싶어. 🔊	[가다 + 하고 싶어]
02	우리 지금 가야 돼. 🔊	[가다 + 해야 돼]
03	나 집에 갈래. 🔊	[가다 + 할래]
04	난 지금 안 갈래. 🔊	[가다 + 안 할래]
05	나 지금 안가도 돼. 🔊	[가다 + 안 해도 돼]
06	난 지금 가고 싶지 않아. 🔊	[가다 + 하고 싶지 않아]
07	갈래? 🔊	[가다 + 할래?]
08	어디 가고 싶어? 🔊	[가다 + 하고 싶어?]
09	지금 가야 돼? 🔊	[가다 + 해야 돼?]
10	저 어디로 가야 되죠? 🔊	[가다 +해야 돼?]

_____   **환불**

A: I want to get a refund.

B: You have to bring the receipt.

A: Do I have to bring my credit card, too?

B: Yes, you have to bring the receipt and your credit card.

_____   **미용/병원 예약**

A: I want to make an appointment(, please).

B: When do you want to come?

A: When do I have to come? Do I have to come this week?

B: You don't have to come this week.

A: I want to come next Tuesday.

B: What time do you want to come?

A: I want to come at 3.

A: I want to order it/this. How long do I have to wait?

B: You don't have to wait long. Maybe 10 minutes?

A: Ok. Do I have to pay now?

B: Yes, you have to pay now.

A: I have to buy a phone charger, where do I have to go?

B: You have to go to aisle 5.

A: Excuse me, I want to buy it/this, where do I have to pay?

B: You have to pay at the counter (over) there.

A: Thank you. Have a good/nice day.

환불

A: 환불 받고 싶어요. [환불 받다 get a refund]

B: 영수증을 가져와야 돼요. [누구? - 너!]

A: 제 신용카드도 가져와야 하나요?

B: 네, 영수증과 신용카드를 가져와야 돼요.

미용/병원 예약

A: 예약하고 싶어요

B: 언제 오고 싶나요?

A: 언제 와야 되나요? 이번 주에 와야 되나요?

B: 이번 주에 안 와도 돼요.

A: 다음 화요일에 오고 싶어요.

B: 몇 시에 오고 싶나요?

A: 3시에 오고 싶어요.

A: 이걸로 **주문하고 싶어요**. 얼마나 오래 **기다려야 되나요?**

B: 오래 **기다리지 않아도 돼요**. 아마도 10분? [Maybe 10 minutes?]

A: 알았어요. 지금 **계산해야 되나요?** [계산하다???=돈 내다]

B: 네, 지금 계산해야 돼요.

A: 핸드폰 충전기[a phone charger]를 **사야 되는데,**
어디로 **가야 되죠?**

B: 5번 복도 [aisle 5]로 **가야 돼요.** [~로 가다 go to]

A: 실례지만, 저 이거 **사고 싶은데요,** 어디서 계산해야 되죠?
[계산하다???!!- 돈 내다]

B: 저기 카운터에서 계산해야 돼요. [at the counter]

A: 고마워요. 좋은 하루 보내세요.

Unit

3

가능성이나
능력을 말하고 싶을 때

가능성이나 능력을 말하고 싶을 때

can '~할 수 있어'

'능력'을 나타내는 표현으로 많이들 알고 있는 **'can'** 은 '수영을 할 수 있다, 악기를 다룰 수 있다'등의 표현뿐만 아니라, '지금 갈 수 있다, 다음 주에 만날 수 있다' 등의 '가능성'도 이야기할 수 있어서 여러모로 쓸모가 많은 표현입니다.

특히 의문문에서는 **'해줄래요?'** 라는 의미도 가지고 있기 때문에, 무언가를 부탁 또는 부드럽게 요청하고 싶을 때 사용할 수 있어서 매우 유용합니다

Positive (긍정)	Negative (부정)	Question (의문)
I can	I can't (I cannot)	Can you?
~할 수 있어	~못 해 ~할 수 없어	~할 수 있어? ~해줄래요? (부탁)

문장의 핵심단어인 '동사'를 넣습니다!

'Can' 은 **조동사(조수 동사)** 라고 해요. 조동사는 동사원형의 친구인

'to' 없이도 바로 동사를 넣어 간단하게 말합니다.

Positive (긍정)	Negative (부정)	Question (의문)
갈 수 있어(가다) I can go.	못 가 (갈 수 없어) I can't go.	갈 수 있어? or 가줄래? Can you go?

긍정문 "I can"

☞ 오른쪽 힌트를 이용해서, 직접 문장을 만들어보세요!

훈련용 MP3

정답확인 : P 244

01	이해할 수 있어요. 🔊 I can_____.	[이해하다 understand]
02	두 시에 올 수 있어요. 🔊	[두 시에 at 2]
03	너 다음 주말에 만날 수 있어. 🔊	[다음주말 next weekend]
04	내가 이따가 너 데리러 갈 수 있어. 🔊	[데리러 가다 pick-up: pick you up, 이따가 later]
05	내가 내일 전화할 수 있어. 🔊	
06	내가 한 30분 후에 전화 다시 할 수 있는데. 🔊	[30분 후 in half an hour]
07	제가 내일 오후에 찾으러 갈 수 있어요. 🔊	[찾으러 가다(물건), 데리러 가다(사람) pick-up]
08	제가 이따가 오후에 가져다 드릴 수 있어요. 🔊	[가져다주다(물건), 데려다주다(사람) drop-off, 오늘 오후 this afternoon]
09	제가 내일 다시 올 수 있어요. 🔊	[다시 오다 come back]
10	내가 한 시간 있다가 다시 올 수 있어. 🔊	[한 시간 있다가 in an hour]

긍정문 "I can"
☞ 오른쪽 힌트를 이용해서, 직접 문장을 만들어보세요!

11	내가 그거 너한테 빌려줄 수 있어. 🔊	[빌려주다 lend-to 사람]
12	네, 그래요. 🔊	[=그렇게 할 수 있어요]
13	이따가 알려줄 수 있어. 🔊	[알려주다 let-know : let you know]
14	이따가 너한테 문자 할 수 있어. 🔊	
15	인터넷으로 그거 주문할 수 있어. 🔊	[주문하다 order, ~인터넷으로 on line]
16	인터넷으로 그거 살수 있어. 🔊	
17	내일 오후에 그거 배달할 수 있어. 🔊	[배달하다 deliver]
18	지금 갈 수 있어. 🔊	
19	그거 고칠 수 있어. 새 거 안 사도 돼. 🔊	[고치다 fix/repair]
20	내일까지 그거 다할 수 있어. 🔊	[다하다, 끝내다 finish, ~까지 by]

긍정문 "I can"

☞ 오른쪽 힌트를 이용해서, 직접 문장을 만들어보세요!

21	영어 할 수 있어. 🔊	[영어하다 speak English]
22	운전 할 수 있어. 🔊	
23	조깅 할 수 있어. 🔊	[조깅하다 jog]
24	피아노 칠 수 있어. 🔊	[피아노치다 play the piano]
25	오늘 저녁에 운동 할 수 있어. 🔊	[운동하다 exercise/work out, 오늘저녁 this evening]
26	네가 원하면, 내가 그거 줄 수 있어. 🔊 If you want, _____.	[주다 give-to 사람]
27	너가 원하면, 내가 그거 바꿀 수 있어. 🔊	[바꾸다 change]
28	너가 원하면, 내가 도와줄 수 있어. 🔊	
29	너가 원하면, 내가 그거 보낼 수 있어. 🔊	[보내다 send]
30	괜찮아요, 기다릴 수 있어요. 🔊 It's okay, _____.	

기초영어 1000문장 말하기 연습

긍정문 "I can"

☞ 오른쪽 힌트를 이용해서, 직접 문장을 만들어보세요!

31	지금 당장 그거 시작할 수 있어.	[지금 당장 right now]
32	좋은 식당을 추천할 수 있어.	[추천하다 recommend]
33	뭔가 먹을래? 내가 지금 뭔가 요리 할 수 있어.	
34	내가 이따가 너한테 다시 말해줄 수 있어.	[다시 말해주다, 상기시키다 remind]
35	그거 다음 주에 설치할 수 있어요.	
36	나 지금 통화할 수 있어.	[통화하다 talk]
37	나 이길 수 있어.	[이기다 win]
38	나 이거 잘 할 수 있어.	[잘 well]
39	설명할 수 있어.	[설명하다 explain]
40	결과를 다음주에 받을 수 있어.	[결과를 받다, 결과를 알다 get the results]

부정문 "I can't"
☞ 오른쪽 힌트를 이용해서, 직접 문장을 만들어보세요!

41	나 이거 못 사. 🔊	
42	아니요. 저 이거 못 먹어요. 🔊 No, thank you. _____.	
43	오늘은 못 가요. 이따가 어디 가야 돼요. 🔊	
44	그때는 못 만나요. 🔊	[그때 then]
45	기억이 안 나. 🔊	[=기억 못하겠어]
46	미안, 못 도와줘요. 🔊	
47	그거 없어. 🔊	[=그거 못 찾겠어]
48	결정 못 하겠어요. 🔊	
49	난 수영 못 해요. 🔊	[수영하다 swim]
50	중국어 못 해. 🔊	[중국어 하다 speak Chinese]

기초영어 1000문장 말하기 연습

51	아직 못 나가요. 🔊	[아직 yet]
52	이거 지금 당장은 못 하는데요. 🔊	
53	고르지 못 하겠어. 🔊	[고르다 choose]
54	혼자 이거 못 하겠어. 🔊	[혼자 alone]
55	더 이상은 못 기다리겠어. 🔊	[더 이상 anymore]
56	더 이상은 못 걷겠어. 🔊	[걷다 walk]
57	지금 통화 못 해. 나중에 전화할래? 🔊	[통화하다 talk]
58	지금은 일 못 하겠다. 🔊	
59	집중을 못 하겠어. 🔊	[집중하다 focus/concentrate]
60	미안해요. 스케줄 조정을 못 해요. 오늘 해야 돼요. 🔊	[스케줄을 조정하다 reschedule]

의문문 “Can you?”

☞ 오른쪽 힌트를 이용해서, 직접 문장을 만들어보세요!

61	지금 통화할 수 있어?	
62	이거 먹을 수 있어?	
63	저녁 먹고 갈수 있어?	[저녁 먹고 가다 stay for dinner]
64	이번 주말에 만날 수 있어?	
65	나랑 점심 먹을 수 있어?	
66	오늘밤에 전화 다시 할 수 있어?	
67	한국말 할 수 있어?	[한국말 하다 speak Korean]
68	나한테 보여줄 수 있어?	[보여주다 show]
69	그거 나한테 빌려줄 수 있어?	[빌려주다 lend - to 사람]
70	영수증 가져올 수 있어?	[영수증 the receipt]

의문문 "Can you?"

☞ 오른쪽 힌트를 이용해서, 직접 문장을 만들어보세요!

71	언제 올 수 있어?	
72	몇 시에 만날 수 있어?	
73	이거 언제 배달해줄 수 있어?	
74	이거 언제 설치할 수 있어?	
75	언제 나한테 알려줄 수 있어?	[알려주다 let-know : let me know]
76	여기에 얼마나 오래 주차할 수 있나요?	
77	얼마나 오래 있을 수 있어?	
78	내가 어떻게 도울 수 있어?	
79	이거 어디서 살수 있어?	
80	이런 거 같은 거 어디서 구할 수 있어?	[구하다 get, 이런 거 같은 거 something like this]

Can you? ~ (좀) 해줄래요? (부탁)

☞ 오른쪽 힌트를 이용해서, 직접 문장을 만들어보세요!

81	그것 좀 켜줄래요?	[키다, 틀다 turn-on: turn it on]
82	그것 좀 꺼줄래요?	[끄다 turn-off]
83	소리 좀 올려줄래요?	[소리/볼륨 올리다 turn-up: turn it up]
84	소리 좀 줄여줄래요?	[소리 줄이다 turn-down]
85	그거 여기다 좀 적어줄래요?	
86	다른 것 좀 보여줄래요?	[다른 거 something else]
87	잠깐만 이것 좀 잡아줄래요?	[잡다 hold, 잠깐만 for a minute/ for a second]
88	여기서 잠깐만 기다려줄래요?	
89	그거 다시 말해줄래요?	[다시 말하다 say-again/repeat]
90	말 좀 천천히 해줄래요?	[말 좀 천천히 speak slowly]

기초영어 1000문장 말하기 연습

Can you? ~ (좀) 해줄래요? (부탁)

☞ 오른쪽 힌트를 이용해서, 직접 문장을 만들어보세요!

91	추천해 주실래요? 🔊	
92	이따가 나한테 다시 말해줄래요? 🔊	[다시 말해주다, 기억나게 상기시키다 remind]
93	5분 일찍 와주실래요? 🔊	[5분 일찍 5 minutes early]
94	저희 사진 좀 찍어줄래요? 🔊	[사진 찍다 take a picture of]
95	그것 좀 들어다 줄래요? 🔊	[들고 가다 carry]
96	자리 좀 바꿔줄래요? 🔊	[자리 바꾸다 change seats]
97	이거 좀 고쳐줄래요? 🔊	
98	5시까지 만들어줄래요? 🔊	
99	저랑 여기에 있어줄래요? 🔊	
100	좀 서둘러 줄래요? 🔊	[서두르다 hurry (up)]

복습강의 MP3

Positive (긍정)		Negative (부정)		Question (의문)	
I want to	~할래, 하고 싶어	I don't want to	~안 할래	Do you want to?	~할래?
I have to	~해야 돼	I don't have to	~안 해도 돼	Do I have to?	~해야 돼?
I can	~할수있어	I can't	~못 해, 할 수 없어	Can you?	~할 수 있어? ~해줄래? (부탁)

정답확인 : P 246

01	나 여기 이따가 **다시 와야 돼**. 🔊	[다시 오다 + 해야 돼] [이따가 later]
02	나 여기 **다시 오고 싶어**. 🔊	[다시 오다 +하고 싶어]
03	나 이따가 **다시올 수 있어**. 🔊	[다시 오다 + 할 수 있어]
04	난 여기 **다시 오기 싫어**. 🔊	[다시 오다 + 하기 싫어]
05	난 내일 다시 **못** 와. 🔊	[다시 오다 + 못해]
06	너 이따가 **다시 안 와도 돼**. 🔊	[다시 오다 +안 해도 돼]
07	제가 언제 **다시 와야 돼나요?** 🔊	[다시 오다 + 해야 돼?]
08	언제 **다시 올래?** 🔊	[다시 오다 + 할래?]
09	언제 **다시올 수 있어요?** 🔊	[다시 오다+할 수 있어?]
10	**이따가** 다시 **와줄래요?** 🔊	[다시 오다 + 해줄래?]

체크인/체크아웃

A: When do I have to check in?

B: You have to check in by 9 p.m.

—

A: When can I check in?

B: You can check in at 10.

A: I want to check in now.

B: Sure (Of course). How long do you want to stay here?

A: I want to stay for 3 days.

—

A: Can I check in now? Do I have to wait?

B: You can check in now. You don't have to wait.

A: What time do I have to check out?

B: You have to check out by 1.

A: 언제 체크인 해야 되죠? [체크인 하다 check in]

B: 9 p.m. 까지 체크인 해야 돼요. [누가? -너!]

—

A: 언제 제가 체크인 할 수 있어요?

B: 10시에 체크인 할 수 있어요. [누가? - 너!]

A: 지금 체크인 하고 싶은데요.

B: 물론이죠. [Sure] 여기서 얼마나 오래 머무르고 싶어요?

A: 3일 동안 있고 싶어요. [-동안 for]

—

A: 저 지금 체크인 할 수 있나요? 기다려야 되나요?

B: 지금 체크인 할 수 있어요. 기다리지 않아도 돼요.

A: 몇 시에 체크아웃 **해야 되나요?** [체크아웃 하다 check out]

B: 1시까지 체크아웃 해야 돼요.

배달

A: I want to buy this table. When can you deliver it?

B: I / We can deliver it tomorrow afternoon.

A: Can you deliver it before 6?

미용/병원 예약

A: Do you want to make an appointment?

B: Yes(, please). I want to make an appointment.

A: When can you come back?

A: I can come back this Friday.

B: What time do you want to come?

A: I want to come at 4.

A: I want to meet you next week, can we have a meeting next week?

B: Yes, we can have a meeting next week.

A: When can you meet?

B: I can meet you on Monday and/or Wednesday. When do you want to have the meeting?

A: I want to have the meeting on Wednesday. Where do you want to have the meeting?

B: Can you come to my office?

A: Yes, I can go/come to your office.

B: What time do you want to meet?

A: I want to meet at 11. Is it ok?

B: Yes, it is ok.

배달

A: 이 테이블을 사고 싶은데요. 언제 그걸 배달할 수 있어요?

B: 내일 오후에 배달할 수 있어요.

A: 6시전에 배달해줄 수 있나요? [-전에 before]

미용/병원 예약

A: 예약할래요? [make an appointment]

B: 네, 예약할래요.

A: 언제 다시 올 수 있어요?

B: 이번 금요일에 다시 올 수 있어요.

A: 몇 시에 올래요?

B: 4시에 올래요.

A: 다음주에 널 만나고 싶은데, 다음주에 미팅할 수 있어요?
[미팅하다 have a meeting]

B: 네, 다음주에 미팅할 수 있어요.

A: 언제 만날 수 있어요?

B: 월요일과 수요일에 만날 수 있어요. 언제 미팅하고 싶어요?

A: 수요일에 미팅하고 싶어요. 어디서 미팅하고 싶어요?

B: 제 사무실로 와줄 수 있어요?

A: 네, 당신의 사무실로 갈수 있어요.

B: 몇 시에 만나고 싶어요?

A: 11시에 만나고 싶어요. 괜찮나요? [Is it ok?]

B: 네, 괜찮아요. [It is ok]

Unit

4

허락(요청)을
말하고 싶을 때

허락(요청)을 말하고 싶을 때

can '~해도 돼'

'Can'은 '할 수 있어'의 가능성이나 '능력' 외에도, '해도 돼, 그렇게 해도 괜찮아'의 허락을 표현할 수 있고, **의문문에서는 허락의 요청을 표현할 수 있는 다재 다능한 단어**입니다.

Positive (긍정)	Negative (부정)	Question (의문)
You can	**You** can't	**Can I** ?
해도 돼	~하면 안돼	~해도 돼요?

이렇게 만듭니다!

문장의 핵심단어인 '동사'를 넣습니다!

저번 단원과 같아요. 의미가 다르다고 표현 방식까지 다르지는 않습니다.

Can은 조동사(조수 동사) 라고 해요. 조동사는 동사원형의 친구인 'to' 없이
도 바로 동사를 넣어 간단하게 말합니다.

have to vs can

	have to		can
긍정	I have to "해야 돼" (의무)	긍정	You can "해도 돼" (허락)
부정	I don't have to "안 해도 돼"	부정	You can't "하면 안돼"
해야 하는 의무가 부정에서는 그와 반대로 의무가 사라져 버려서 '안 해도 돼'		**해도 되는 허락이 부정에서는 그와 반대로** 허락이 안 돼서 '하면 안돼'	

저희 정교하고 어려운 한국말의 '야' 와 '도'의 차이입니다.

해야 돼 ➔ 안 해야 돼 [X], 안 해도 돼 [O]

해도 돼 ➔ 안 해도 돼 [X], 하면 안돼 [O]

정답확인 : P 247

01	여기 앉아도 돼.	
02	이거 써도 돼요.	
03	내 꺼 빌려도 돼.	[빌리다 borrow 내꺼 mine]
04	이거 가져도 돼.	
05	너 이거 가지고 있어도 돼.	
06	이거 가져가도 돼요.	
07	내일 오후에 오셔도 돼요.	[내일 오후 tomorrow afternoon]
08	이거 한 번 해봐도 돼요.	[한번 해보다, 시도하다 try]
09	그렇게 해도 돼요. 문제없어요.	[문제없어요 No problem]
10	골라도 돼요.	[고르다 choose/pick]

긍정문 "You can"

☞ 오른쪽 힌트를 이용해서, 직접 문장을 만들어보세요!

11	아무 때나 와도 돼. 🔊	[아무 때나 any time]
12	그거 먹어도 돼. 🔊	
13	여기에 주차해도 돼. 🔊	[주차하다 park]
14	이거 입어봐도 돼요. 🔊	[입어보다, 신어보다, 껴보다, 써보다 try-on]
15	뭐든지 물어봐도 돼요. 🔊	[뭐든지 anything]
16	두 시에 다시 오셔도 돼요. 🔊	
17	여기서 기다리셔도 돼요. 🔊	
18	그거 바꿔도 됩니다. 🔊	
19	그거 버려도 돼. 🔊	[버리다 throw-away]
20	스케줄 다시 잡아도 돼. 🔊	[스케줄 다시 잡다 reschedule]

긍정문 "You can"

☞ 오른쪽 힌트를 이용해서, 직접 문장을 만들어보세요!

21	그거 삭제해도 돼.	[삭제하다 delete]
22	그거 인터넷으로 해도 돼.	[인터넷으로 on line]
23	오래 있어도 돼.	
24	지금 시작해도 돼. 괜찮아.	[시작하다 start/begin, 괜찮아. It's ok]
25	이 쿠폰 써도 돼.	
26	그거 다음주에 보내도 돼.	
27	집에서 그거 요리해도 돼.	[집에서 at home]
28	그거 여기다 둬도 돼.	
29	나중에 결정해도 돼.	
30	천천히 해도 돼.	[천천히 하다 take your time]

긍정문 "You can"

☞ 오른쪽 힌트를 이용해서, 직접 문장을 만들어보세요!

31	그거 연기해도 돼. ♪))	[미루다, 연기하다 delay / postpone]
32	그거 여기에 잠깐 보관해도 돼요. ♪))	
33	거기 걸어가도 돼. ♪))	
34	아무거나 사도 돼. ♪))	[아무거나 anything]
35	핸드폰 사용해도 돼. ♪))	
36	전화 받아도 돼. ♪))	[전화 받다 answer the phone / take the call]
37	그거 나중에 돌려줘도 돼. ♪))	[돌려주다 return / give-back]
38	생각해 보고 나중에 알려줘도 돼. ♪))	
39	우리 이거 같이 해도 돼. 그거 혼자 하지 않아도 돼. ♪))	[같이, 함께 together]
40	나 빼고 가도 돼. 난 괜찮아. ♪))	[~빼고, 없이 without, 난 괜찮 아 I don't mind]

부정문 "You can't"

☞ 오른쪽 힌트를 이용해서, 직접 문장을 만들어보세요!

41	저기 앉으면 안돼.	
42	이거 먹으면 안돼.	
43	그럼 안돼요.	[=그거 하면 안돼요]
44	이거 버리면 안돼.	
45	여기서 멈추면 안돼.	[멈추다 stop]
46	이거 쓰면 안돼.	
47	아무한테도 말하면 안돼.	[tell 사람 tell 'me']
48	아무 말도 하면 안돼.	[say 뭔가 say 'ho']
49	이거 만지면 안돼.	
50	아직 보면 안돼.	

부정문 "You can't"

☞ 오른쪽 힌트를 이용해서, 직접 문장을 만들어보세요!

51	거짓말하면 안돼. 🔊	[거짓말하다 lie]
52	이거 까먹으면 안돼. 🔊	[잊다, 까먹다 forget]
53	이거 잃어버리면 안돼. 🔊	[잃어버리다 lose]
54	그 애 믿으면 안돼. 🔊	[믿다 believe/trust]
55	여기서 뛰면 안돼. 🔊	
56	여기서 핸드폰 쓰면 안돼. 🔊	
57	여기서 사진 찍으면 안돼. 🔊	[사진 찍다 take a picture/ take a photo]
58	늦게 오면 안돼. 🔊	
59	이거 깨뜨리면 안돼. 🔊	[깨뜨리다 break]
60	실수하면 안돼. 🔊	[실수하다 make a mistake]

의문문 "Can I ?"

☞ 오른쪽 힌트를 이용해서, 직접 문장을 만들어보세요!

61	저 이거 빌려도 되나요? 🔊	
62	제가 여기 앉아도 되나요? 🔊	
63	내가 봐도 돼? 🔊	
64	저 여기에 있어도 되나요? 🔊	
65	여기서 기다려도 되나요? 🔊	
66	어디서 기다려도 되나요? 🔊	
67	이거 사도 되나요? 🔊	
68	저 여기에 주차해도 돼요? 🔊	[주차하다 park]
69	어디에 주차하면 되나요? 🔊	
70	지금 나가도 돼요? 🔊	

의문문 "Can I ?"

☞ 오른쪽 힌트를 이용해서, 직접 문장을 만들어보세요!

71	너의 개를 만져봐도 되나요? 🔊	[만지다, 쓰다듬다 pat]
72	저 이거 가져가도 되나요? 🔊	
73	제가 뭐 좀 물어봐도 되나요? 🔊	[뭐 좀, 뭔가 something]
74	제가 그것 좀 적어도 될까요? 🔊	
75	내가 생각 좀 해봐도 돼요? 🔊	
76	제가 먼저 해도 되나요? 🔊	[먼저 하다 go first]
77	그거 인터넷으로 해도 되나요? 🔊	
78	너의 화장실을 사용해도 되나요? 🔊	
79	이거 해도 되나요? 🔊	
80	제가 뭘 하면 되나요? 🔊	

의문문 "Can I ?"

☞ 오른쪽 힌트를 이용해서, 직접 문장을 만들어보세요!

81	지금 주문해도 되나요?	
82	이 사진 올려도 되나요?	[올리다, 게시하다 post/upload]
83	그거 연기해도 되나요?	
84	이번엔 내가 골라도 돼?	[이번에 this time]
85	누군가 데려와도 돼?	[데려오다 bring]
86	지금 그거 취소해도 되나요?	[취소하다 cancel]
87	지금 예약해도 되나요?	[예약하다 make a reservation]
88	나중에 결정해도 되나요? 지금은 아무것도 생각하고 싶지 않아요.	
89	나중에 알려줘도 돼? 지금 결정 못하겠어.	
90	내가 나중에 전화해도 돼? 지금 뭔가 끝내야 돼서.	

Can I have_____ , please? ~주세요

☞ 오른쪽 힌트를 이용해서, 직접 문장을 만들어보세요!

91	오렌지주스 **주세요.** 🔊 Can I have _____(, please)?	
92	네 이름 **주세요.** 🔊	[=이름을 알려주세요.]
93	물 **주세요.** 🔊	
94	콜라 **주세요.** 🔊	
95	이거 **주세요.** 🔊	
96	3번 **주세요.** 🔊	
97	아이스 티 **주세요.** 🔊	[아이스 티 iced tea]
98	저걸로 **주세요.** 🔊	
99	이것들 **주세요.** 🔊	[이것들 these]
100	물 한잔 **주세요.** 🔊	[물 한잔 a glass of water]

복습강의 MP3

Positive (긍정)		Negative (부정)		Question (의문)	
I want to	~할래, 하고 싶어	I don't want to	~안 할래	Do you want to?	~할래?
I have to	~해야 돼 (의무)	I don't have to	~안 해도 돼	Do I have to?	~해야 돼?
I can	~할수있어	I can't	~못 해, 할 수 없어	Can you?	~할 수 있어? ~해줄래? (부탁)
You can	~해도 돼 (허락)	You can't	~하면 안 돼	Can I?	~해도 돼?

정답확인 : P 250

01	환불 받고 싶어요. ʒ⑴	[하고 싶어]
02	환불 받을 수 있어.	[할 수 있어]
03	환불 받아도 돼. ʒ⑴	[해도 돼]
04	환불 받아야 돼.	[해야 돼]
05	환불 안 받을래. ʒ⑴	[안 할래]
06	환불 못 받아. ʒ⑴	[못 해]
07	환불 받으면 안 돼. ʒ⑴	[하면 안 돼]
08	환불 안 받아도 돼. ʒ⑴	[안 해도 돼]
09	환불 받아야 돼? ʒ⑴	[해야 돼?]
10	환불 받아도 돼? ʒ⑴	[해도 돼?]
11	환불 받을래? ʒ⑴	[할래?]

택시

A: I want to go to Hilton Hotel, do I have to take a taxi? Or can I walk?

B: You have to take a taxi. You can't walk (there).

A: Where do I have to take a taxi?

B: You have to take a taxi there.

A: I have to go to Hilton Hotel. I have to go there by 2, what time can I/we arrive/get there?

B: We can arrive before two. You don't have to worry.

흡연

A: Can I smoke here?

B: You can't smoke here.

A: Where can I smoke?

B: You can smoke outside.

A: Where do we have to sit?

B: You can choose.

A: Do I have to sit here? Or can I sit there?

B: You can sit here or (you can sit) there.

A: I want to sit here. Can I have the menu, please?

B: Do you want to order now?

A: I can't order now. I have to wait for my friend. Can I order later?

B: Ok.

A: Excuse me. I want to order now.

B: Yes, what do you want to order?

A: Can I have this(one), this, this and this, please?

A: Can I have the bill/check, please?

택시

A: 힐튼 호텔에 가고 싶은데, 택시 타야 되나요? 아님 걸어가도 되나요?

B: 택시 타야 돼요. 걸어갈 수 없어요.

A: 택시 어디에서 타야 돼요?

B: 저기에서 타야 돼요.

A: 힐튼 호텔에 가야 돼요. 두 시까지 거기 가야 되는데, 몇 시에 거기 도착할 수 있어요?

B: 두 시 전에 도착할 수 있어요. 걱정 안 해도 돼요.

흡연

A: 여기서 담배 펴도 되나요?

B: 여기서 담배 피면 안 돼요.

A: 어디서 제가 담배 필 수 있죠?

B: 밖에서[outside] 담배 필 수 있어요.

A: 저희 어디 **앉아야 돼**요?

B: **골라도 돼**요.

A: 저 여기에 **앉아야 되**나요? 아님 저기에 **앉아도 되**나요?

B: 여기에 **앉아도 되**고, 저기에 앉아도 돼요.

A: 여기에 **앉을래**요. 메뉴 **주세요.**

B: 지금 **주문할래**요?

A: 지금 주문 **못** 해요. 일행(친구)를 **기다려야 돼**요. 이따가 **주문해도 되**나요?

B: 알았어요.

A: 저기요. 지금 주문하고 싶어요.

B: 네, 뭐 주문할래요?

A: 이거, 이거, 이거, 그리고 이거 **주세요.**

A: 계산서 **주세요.** [계산서 the bill/the check]

Unit

5

약속이나 제안을
말하고 싶을 때

will & shall '~할게 & 할까'

미래형의 대표주자 중 하나로 많이 사용이 되는 'will' 은 '할게' 라는 의미로 **약속**할 때나, 무언가를 **방금 결정했다**는 것을 나타내는 표현입니다.

의문문에서 will은 제안보다는 예측 혹은 요청을 나타내는 용도로 쓰이기 때문에, 의문문에서는 'will'대신, 'shall'과 함께 이번 단원 진행해 보겠습니다. 'Shall'은 'will'과 동일한 의미를 가졌지만, 구어체(사극에서 나올듯한 표현)로서, 현대회화에서는 주로 의문문에서만 '할까, 그렇게 하면 어떨까' 등의 제안을 표현하는 단어로 사용됩니다.

Positive (긍정)	Negative (부정)	Question (의문)
I will (I'll)	I won't	Shall I? Shall we?
~할게	~안 할게 ~하지 않을게	~할까?

문장의 핵심단어인 '동사'를 넣습니다!

'Will' 도 조동사 (조수 동사) 라고 해요.

조동사는 동사원형의 친구인 'to' 없이도 바로 동사를 넣어 간단하게 말합니다.

Positive (긍정)	Negative (부정)	Question (의문)
그만할게. → 그만하다, 멈추다	그만 하지 않을게.	그만 할까?
I will stop.	I won't stop.	Shall I stop?

Speaking Practice

⏱ 1min

긍정문 "I will"

☞ 오른쪽 힌트를 이용해서, 직접 문장을 만들어보세요!

훈련용 MP3

정답확인 : P 250

01	내가 이따가 전화할게. 🔊	
02	내일 다시 전화할게. 🔊	[전화를 다시 하다 call-back]
03	세시까지 올게. 🔊	[~까지 by]
04	제가 할게요. 🔊	
05	노력해볼게. 🔊	[=한번 해볼게, 노력하다 try]
06	내가 도와 줄게. 🔊	
07	이거 살게요. 🔊	
08	내가 네게 보여줄게. 🔊	
09	내가 그거 널 위해 들어줄게. 🔊	[들다, 들고 가다 carry]
10	내가 사과할게. 🔊	[사과하다 apologize]

긍정문 "I will"

☞ 오른쪽 힌트를 이용해서, 직접 문장을 만들어보세요!

11	커피나 녹차 **마실래?** 🔊	
12	**커피 마실게.** 🔊	
13	금방 돌아올게. 🔊	[금방, 곧 soon]
14	**내가 가서 문 닫을게.** 🔊	[가서 닫다 go and close, 닫고 가는게 아니라, 먼저 가서 닫는 거죠!]
15	내가 그거 열어줄게. 🔊	
16	**생각해 볼게요.** 🔊	
17	**내가 이거 너한테 빌려줄게.** 🔊	[빌려주다 lend - to 사람]
18	**여기서 기다릴게.** 🔊	
19	**커피 탈게.** 🔊	[커피 타다 make coffee]
20	**이거 쓸게.** 🔊	

긍정문 "I will"

☞ 오른쪽 힌트를 이용해서, 직접 문장을 만들어보세요!

21	내가 받을게. (전화, 문자 등) 🔊	[받다 get]
22	Sam 바꿔줄게. 🔊	[바꿔주다 get]
23	내가 Sam 데려올게. 🔊	[데려오다 get]
24	이거 지금 내가 할게. 🔊	
25	지금 샤워할게. 🔊	[샤워하다 take a shower]
26	이거 여기다 둘게. 🔊	
27	내가 버릴게. 🔊	
28	내가 잘 보관할게. (돌볼게) 🔊	[잘 보관하다, 돌보다 look after]
29	내가 찾아볼게. 🔊	[찾다, 찾아보다 look for]
30	내일 너에게 알려줄게. 🔊	[알려주다 let - know]

기초영어 1000문장 말하기 연습

긍정문 "I will"

☞ 오른쪽 힌트를 이용해서, 직접 문장을 만들어보세요!

31	내가 낼게.	
32	내가 인터넷으로 주문할게.	
33	내가 전화해서 물어볼게.	[~하고 나서, 그리고 and]
34	내가 그 애한테 부탁할게.	[부탁하다 ask]
35	내일 돌려줄게.	[돌려주다 return/give-back]
36	내가 그거 나중에 치울게.	
37	일찍 올게. 안심해도 돼. 걱정 안 해도 된다고.	[안심하다 relax]
38	매일 연습할게. 그렇게 하고 싶어.	[연습하다 practice]
39	나중에 들릴게. 지금은 어디 가야 돼서.	[들리다 stop by]
40	널 위해 기도할게.	[기도하다 pray]

부정문 "I won't"

☞ 오른쪽 힌트를 이용해서, 직접 문장을 만들어보세요!

41	안 갈게. 🔊	
42	안 할게. 🔊	
43	아무 말도 안 할게. 🔊	
44	아무한테도 말 안 할게. 🔊	
45	아무것도 안 먹을게. 🔊	
46	아무데도 안 갈게, 걱정 마. 🔊	[걱정 마 Don't worry]
47	안 바꿀게. 🔊	
48	마음 안 바꿀게. 🔊	[마음 바꾸다 change my mind]
49	안 잊을게. 🔊	[잊다, 까먹다, 잊어버리다 forget]
50	거짓말 안 할게. 🔊	[거짓말하다 lie]

기초영어 1000문장 말하기 연습

부정문 "I won't"

☞ 오른쪽 힌트를 이용해서, 직접 문장을 만들어보세요!

51	알았어. 안 웃을게. 🔊	[웃다 laugh]
52	문 안 잠글게. 🔊	[잠그다 lock]
53	그거 안 끌게. 🔊	
54	컴퓨터 안 켤게. 🔊	
55	이거 아무한테도 안 줄게. 🔊	[주다 give-to 사람]
56	안 버릴게. 🔊	
57	오래 안 있을게. 🔊	
58	포기하지 않을게. 🔊	[포기하다 give up]
59	이런 일 다시는 없을 거야. 🔊 It _____ .	[일이 생기다, 일어나다 happen]
60	오래 안 걸릴 거야. 🔊 It _____ .	[걸리다 take]

61	우리 지금 갈까? 🔊	
62	내가 문 열까? 🔊	
63	내가 창문 닫을까? 🔊	
64	이거 닫아 놓을까? 🔊	[닫아두다 leave-closed]
65	이거 열어둘까? 🔊	[열어두다 leave-open]
66	이거 살까? 🔊	
67	내가 운전할까? 🔊	
68	내가 여기서 기다릴까? 🔊	
69	이거 그냥 가지고 있을까? 🔊	[그냥 just]
70	Sam한테 말할까? 🔊	

기초영어 1000문장 말하기 연습

의문문 "Shall I /we?"

☞ 오른쪽 힌트를 이용해서, 직접 문장을 만들어보세요!

71	Sam한테 뭐라고 말할까?	
72	내가 텔리비전 끌까?	
73	내가 라디오 틀까?	
74	불 킬까?	[불 the light]
75	우리 언제 만날까?	
76	우리 산책 갈까?	[산책 가다 go for a walk]
77	우리 드라이브 갈까?	[드라이브 가다 go for a drive]
78	우리 오늘밤 저녁 먹으러 나갈까?	[외식하다, 저녁 먹으러 나가다 eat out]
79	내가 몇 시에 전화할까?	
80	우리 어디 갈까?	

의문문 "Shall I /we?"

☞ 오른쪽 힌트를 이용해서, 직접 문장을 만들어보세요!

81	나 뭐할까? 🔊	[=어떡하지…]
82	이거 어디다 둘까? 🔊	
83	우리 몇 시에 만날까? 🔊	
84	우리 누구 초대할까? 🔊	[초대하다 invite]
85	나 뭐 살까? 🔊	
86	내가 예약할까? 🔊	[예약하다 book/ make an appointment]
87	Sam 보러 갈까? 🔊	[보러 가다, 방문하다 visit]
88	나 뭐 입을까? 🔊	
89	이거 남겨둘까? 🔊	[남겨두다 leave/save]
90	이거 신어볼까? 🔊	[신어보다 try-on]

의문문 "Shall I /we?"

☞ 오른쪽 힌트를 이용해서, 직접 문장을 만들어보세요!

91	우리 무슨 얘기할까? 🔊	[~에 대해 이야기하다 talk about]
92	무슨 요리할까? 🔊	
93	우리 그 애한테 뭐 줄까? 🔊	
94	이거 켜 둘까? 🔊	[켜 두다 leave-on]
95	이거 꺼 둘까? 🔊	[꺼 두다 leave-off]
96	이거 내가 잡아줄까? 🔊	
97	우리 같이 여행할까? 🔊	
98	뭐라고 말할까? 생각해봐야 돼. 🔊	
99	그거 연기할까? 🔊	[연기하다 delay/postpone]
100	우리 이거 다시 할까? 🔊	[다시 하다 redo/do-again]

Review

Positive (긍정)		Negative (부정)		Question (의문)	
I want to	~할래, 하고 싶어	I don't want to	~안 할래	Do you want to?	~할래?
I have to	~해야 돼 (의무)	I don't have to	~안 해도 돼	Do I have to?	~해야 돼?
I can	~할수있어	I can't	~못 해, 할 수 없어	Can you?	~할 수 있어? ~해줄래? (부탁)
You can	~해도 돼 (허락)	You can't	~하면 안 돼	Can I?	~해도 돼?
I will	~할게	I won't	~안 할게	Shall I?	~할까? (제안)

정답확인 : P 253

01	우리 이거 **사야 돼**. 🔊	11	넌 뭐 **살래**? 🔊
02	나 이거 **살게**. [사다 + 할게] 🔊	12	**뭐 사야 돼**? 🔊
03	나 이거 **살래**. 🔊	13	저 이거 **사도 돼요**? 🔊
04	우리 이거 **사도 돼**. 🔊	14	이거 날 위해 **사줄래**? 🔊
05	나 이거 **살수 있어**. 🔊	15	너 이거 **살수 있니**? 🔊
06	난 이거 **사기 싫어**. 🔊		
07	너 이거 **안 사도 돼**. 🔊		
08	우리 이거 **사면 안 돼**. 🔊		
09	나 이거 **안 살게**. [사다 + 안 할게] 🔊		
10	우리 이거 **살까**? 어느 거 **살까**? [사다 + 할까?] 🔊		

A: I want to get a discount.

B: Sorry. I can't give you a discount.

A: Can I get a discount?

B: Ok. I will give you a discount. How/What about 20 dollars?

A: Then, I will take two. How much do I have to pay?

A: You have to pay 40 (dollars).

A: I want to use the pool, what time can I use the pool?

B: You can use the pool any time.

A: What floor do I have to go?

B: You have to go to the third floor.

A: I want to use the gym. Can I use it now?

B: No, you can use the gym from 9 to 6.

A: What do I have to bring?

B: You don't have to bring anything.

A: I will go to the gym now. Thanks.
How can I go/get in here? Do I have to have the key?

B: You don't have to have the key. You can press this button here.

A: 할인 받고 싶어요. [할인 받다 get a discount]

B: 미안해요. 할인해줄 수가 없어요. [할인해주다 give you a discount]

A: 제가 할인 받을 수 있나요?

B: 알았어요. 할인 해줄게요. 20불 어때요?
[~어때? How about/what about]

A: 그럼 [Then,] 두 개 살게요.

B: 얼마 내야 되나요?

A: 40불 내야 돼요.

A: 수영장을 사용하고 싶은데요, 몇 시에 풀을 사용할 수 있어요?

B: 아무 때나 풀을 사용해도 돼요.

A: 몇 층으로 가야 돼요? [몇 층 what floor]

B: 3 층으로 가야 돼요.

A: 헬스장[gym]을 이용하고 싶은데요, 지금 이용할 수 있나요?

B: 아니요. 헬스장은 9시부터 6시까지 사용할 수 있어요. [누가?-너!]

A: 뭘 가져와야 하나요?

B: 아무것도 안 가져와도 돼요.

A: 지금 헬스장으로 가볼게요. 고마워요. [~으로 가다 go to]

A: 여기에 어떻게 들어갈 수 있나요? [들어가다 get in/go in] 키를 가지고 있어야 하나요?

B: 키는 가지고 있지 않아도 돼요. 여기 이 버튼을 누르면 돼요.
[누르다 press]

호텔

A: I want to stay here (for) one more day.

B: Okay. Can I have your room number and your name, please?

A: My name is Susan, and my room number is 211.

B: I will check. Yes, you can stay one more day.

A: Thank you. Shall I pay now?

B: No, you don't have to pay now. You can pay tomorrow.

A: Thank you. I will pay tomorrow.
What time do I have to check out?

B: You have to check out at 12.

A: What do you want to order?

B: I will have number 5, and 11. When shall I come back?

A: You can come back in 5 minutes.

B: When shall I pick it up?

A: I will call your number.

B: Okay. Thank you.

A: 여기서 하루 동안 더 머무르고 싶어요.
[하루 동안 더 one more day]

B: 알았어요. 방 번호와 이름 주세요.

A: 제 이름은 수잔이고, 룸 넘버는 211이에요.
[My name is-, and my room number is…]

B: 확인해 볼게요. [확인해보다 check] 네, 하루 동안 더 있을 수 있네요.

A: 고마워요. 지금 계산할까요?

B: 아니요. 지금 계산하지 않아도 돼요. 내일 계산해도 돼요.

A: 고마워요. 내일 계산할게요.

A: 몇 시에 체크아웃 해야 되나요?

B: 12시에 체크아웃 해야 돼요.

A: 뭐 주문하실래요?

B: 5번하고 11번으로 할게요. [-로 하다 have] 언제 다시 올까요?

A: 5분있다가 다시오면 돼요. [5분 있다가 in 5 minutes]

B: 언제 이거 가지러 올까요? [가지러 오다 pick-up]

A: 너의 번호를 부를게요. [부르다 call]

B: 알았어요. 고마워요.

Unit

6

형용사나 명사를 사용해
현재 상황을 말하고 싶을 때

Unit 6

형용사나 명사를 사용해
현재 상황을 말하고 싶을 때

am, is, are 'be 동사 현재'

Be 동사 현재형 = am, is, are입니다.

주인공(주어) 따라 세 가지의 형태로 다르게 사용합니다.

I = am

3인칭 단수('나'와 '너'를 제외한 다른 한 사람이나 물건 하나) = **is**

나머지 (2인칭인 너와 복수) = **are**

Positive (긍정)	Negative (부정)	Question (의문)
I am	I am not	Am I ?
He She is It	He She is not (isn't) It	Is he? she? it?
You We are They	You We are not (aren't) They	Are you? we? they?

기초영어 1000문장 말하기 연습

이렇게 만듭니다!

알고 있는 형용사나 명사를 넣어 주기만 하면 돼요!

Positive (긍정)	Negative (부정)	Question (의문)
나 늦었어. → 늦은 I am late.	안 늦었어. I am not late.	늦었니? Am I late?
괜찮아. → 괜찮은 It is ok.	안 괜찮아. It is not ok.	괜찮아? Is it ok?

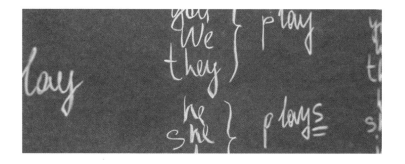

형용사나 명사를 사용해
현재 상황을 말하고 싶을 때

〈주의할 점〉

be 동사 = 동사입니다! (이름도 아예 동사라고 붙여져 있네요.)

동사는 그냥 마구 나열해서 사용할 수 없어요! (예: 나 배고파 먹다.)

그래서 be 동사는 저희가 지금까지 사용해온 일반동사들과 붙여서 사용하지

않아요.

…

형용사 와 명사 = be 동사의 절친입니다!

형용사: '~한' 묘사하는 단어들 (예: 예쁜, 배고픈, 빨간 등)

명사: 사물의 이름 (예: 의자, 커피)

해석 역시 그 뒤의 단어를 따라서 자연스럽게 하게 됩니다.

…

am, is, are= be 동사 현재입니다.

지금의 상황을 나타내는 말이므로, 'now'등 단어를 따로 사용하지 않아도 지

금을 의미합니다.

(예: I am tired. 지금 피곤하다는 말입니다.)

주인공이 뚜렷하게 보이지 않고 애매할 때 = it

'비싸, 괜찮아, 단순해, 쉬워, 멀어' 등의 경우 '그것이 (우리가 지금 말하고 있는)' 그렇다는 의미이므로 '매직워드'인 'it'을 사용하면 됩니다!

(또한 'it'은 무엇을 콕 지칭하여 '그것'이라고 표현하지 않아도, '날씨, 색깔, 거리' 등을 나타낸다고도 하지요!)

…

Be 동사는 그 자체로 동사로서 완전하기에, 의문문을 만들 때 다른 것 (예: do you? 등)을 붙일 필요가 없습니다. 한국말은 긍정문과 의문문이 대부분 동일하고, 의문문에서는 말끝을 올려주기만 하면 되는데, (배고파./배고파?) 영어에서는 자리를 바꾸어 주면 의문문이 됩니다! (It is ➜ Is it?)

…

OMG!

설명도 많고, 요점도 많고, 표의 박스도 세 칸씩이나 되고, 해석도 안 쓰여 있고, 제일 단순하다고 생각 했던 be 동사가 복잡하네요~^^

하지만 일반 동사만 가지고는 회화하는데 불편합니다. 무수히 많은 형용사를 사용해 현재 상태를 나타내는 말을 이제 be동사를 통해 연습해 보겠습니다.

긍정문

☞ 오른쪽 힌트를 이용해서, 직접 문장을 만들어보세요!

훈련용 MP3

정답확인 : P 253

01	그 애 내 친구야.	
02	우리 지금 바빠. 내가 나중에 전화해도 될까?	
03	엄마는 지금 통화 중이에요.	[통화 중 on the phone]
04	나 지금 가는 길이야.	[가는 길, 오는 길 on the way]
05	너는 좋은 사람이야.	[좋은 사람 a good person]
06	그 애는 미국에서 왔어.	[~에서 온 from : 여기서 '오다'인 come을 넣으면 동사가 두 개!!! 절대 안됩니다.]
07	그 애 아파서, 지금 (그 애는) 병원에 있어.	[아픈 sick, 그래서 so, 병원에 in the hospital: 그냥 hospital 만하면 그 애는 = 병원 이 됩니다]
08	우리 늦었어.	[늦은 late]
09	너가(너의 말이) 맞아.	[맞는 right]
10	그는 내게 중요해.	[중요한 important]

기초영어 1000문장 말하기 연습

긍정문

☞ 오른쪽 힌트를 이용해서, 직접 문장을 만들어보세요!

11	그 애 회사에 있어.	[회사 at work]
12	난 지금 집에 있어.	[집에 at home]
13	우리 배고프고, 목도 마르다.	[배고픈 hungry, 그리고 and, 목마른 thirsty]
14	그 애 되게 재미있어.	[재미있는, 웃긴 funny]
15	나 너 걱정돼.	[걱정되는, 걱정하는 worried about]
16	나 조금 긴장돼.	[조금 a bit, 떨리는, 긴장되는 nervous]
17	난 잘 있어. 넌?	[잘 있는, 건강한 well]
18	우리 아주 가까워. 그 애 내 오래된 친구야.	[가까운 close]
19	넌 아직 어려. 넌 뭐든지 할 수 있어.	[아직도 still, 어린 young, 뭐든지, 아무거나 anything]
20	그 애 나한테 화났어.	[화난 angry with/mad at]

긍정문

☞ 오른쪽 힌트를 이용해서, 직접 문장을 만들어보세요!

21	재미없어.	[시작이 애매 할 땐 주인공이 'It', 재미없는 boring]
22	너무 어려워.	[어려운 hard/difficult]
23	괜찮아.	[괜찮은 ok]
24	여기서 멀어.	[먼 far, 여기서 from here]
25	너무 비싸다.	[비싼 expensive]
26	싼데.	[싼 cheap]
27	그거 여기 있어.	
28	그거 새 거야.	[새 거인 new]
29	그거 내 가방에 있어.	[~에, ~안에 in]
30	밖에 바람불어.	[바람 부는 windy, 밖에 outside]

기초영어 1000문장 말하기 연습

긍정문

☞ 오른쪽 힌트를 이용해서, 직접 문장을 만들어보세요!

31	너무 작아.	[작은 small]
32	그거 젖었어.	[젖은 wet]
33	매우 쉬워.	[쉬운 easy]
34	그거 똑같아.	[같은 the same]
35	불가능해.	[불가능한 impossible]
36	좋아.	[좋은 good/nice/cool/fine]
37	매일 달라.	[다른 different]
38	복잡해. 설명할 수 없어.	[복잡한 complicated]
39	가능해요. 모든 게 가능하지.	[네모안에 있는게 주어입니다]
40	대단해!	[대단한 incredible/amazing]

부정문

☞ 오른쪽 힌트를 이용해서, 직접 문장을 만들어보세요!

41	나 지금 집 아니야.	[집 at home]
42	너 늦지 않았어.	
43	그 애는 나쁜 사람이 아니야.	[나쁜 사람 a bad person]
44	그 애 지금 여기 없어.	
45	우리 아직 결혼 안 했어.	[결혼한 married, 아직 yet]
46	나 몸이 좀 안 좋아.	[몸이 좋은, 건강한, 잘 있는 well]
47	난 그거 관심 없어.	[관심 있는 interested in]
48	그 애는 아무것도 무서워하지 않아.	[무서운, 두려운 afraid of /scared of]
49	우리 다르지 않아.	[다른 different]
50	그는 지금 사무실에 없어요.	[사무실에 in the office]

기초영어 1000문장 말하기 연습

51	안 멀어. 🔊	[시작이 애매 할 땐 주인공이 'It']
52	옳지 않아. 🔊	[옳은, 맞는 right]
53	그거 싸지 않아. 🔊	
54	늦지 않았어. 🔊	
55	안 커. 🔊	[큰 big]
56	그것들 비슷하지 않아. 🔊	[그것들 they/those, 비슷한 similar]
57	쉽지 않아. 🔊	
58	검정색이 아니야. 🔊	
59	안 추워. 🔊	[추운 cold]
60	아직 때가 아니야. 🔊	[때 the time]

의문문

☞ 오른쪽 힌트를 이용해서, 직접 문장을 만들어보세요!

61	나 늦었니? 🔊	
62	우리 일찍이야? 🔊	[일찍인 early]
63	그 애 잘생겼어? 🔊	[잘생긴 handsome/ good looking]
64	그 애 예뻐? 🔊	[예쁜 pretty/beautiful]
65	너 결혼했어 아님 싱글 이야? 🔊	
66	너 따뜻해? 🔊	[따뜻한 warm]
67	Tom 여기 있어? 🔊	
68	너 어디야? 집이니? 🔊	
69	그 애는 몇 살이야? 🔊	[몇 살 how old]
70	그 애 누구야? 🔊	

의문문

☞ 오른쪽 힌트를 이용해서, 직접 문장을 만들어보세요!

71	너 뭘 걱정하는 거야? 🔊	[걱정하는 worried about]
72	떨려? 🔊	[떨리는, 긴장되는 nervous]
73	너 나한테 왜 화났어? 🔊	[화난 angry with/mad at]
74	배고파? 뭔가 먹을래? 🔊	
75	요새 바쁘니? 🔊	[요새, 요즘 these days]
76	속상하니? 🔊	[속상한 upset]
77	왜 이렇게 기분이 좋아? 너의 이야기를 듣고 싶어. 🔊	[기분 좋은 happy, 듣다 hear]
78	졸려? 🔊	[졸린 sleepy]
79	피곤해? 🔊	[피곤한 tired]
80	심심하지? 나갈래? 🔊	[심심한 bored]

의문문

☞ 오른쪽 힌트를 이용해서, 직접 문장을 만들어보세요!

81	밖에 춥니? 🔊	[시작이 애매할 땐 주인공이 'It']
82	멀어? 🔊	
83	이거 같은 거야? 🔊	
84	괜찮아? 🔊	
85	그거 쉽나요? 🔊	
86	그게 가능한가요? 🔊	[가능한 possible]
87	이게 제거 인가요? 🔊	[내 꺼 mine]
88	비싼가요? 🔊	
89	그거 슬퍼? 🔊	[슬프다 sad]
90	위험한가요? 🔊	[위험한 dangerous]

의문문

☞ 오른쪽 힌트를 이용해서, 직접 문장을 만들어보세요!

91	그게 뭐야? 🔊	
92	무슨 색이야? 🔊	
93	그게 어디 있어? 🔊	
94	어느 길이야? 🔊	
95	어느 차 야? 🔊	
96	언제야? 🔊	
97	얼마나 멀어? 🔊	
98	얼마나 깊어? 🔊	
99	무슨 요일이야? 🔊	[무슨 요일 what day]
100	몇 일 이야? 🔊	[몇 일 what date]

복습강의 MP3

Positive (긍정)		Negative (부정)		Question (의문)	
I want to	~할래, 하고 싶어	I don't want to	~안 할래	Do you want to?	~할래?
I have to	~해야 돼 (의무)	I don't have to	~안 해도 돼	Do I have to?	~해야 돼?
I can	~할수있어	I can't	~못 해, 할 수 없어	Can you?	~할 수 있어? ~해줄래? (부탁)
You can	~해도 돼 (허락)	You can't	~하면 안 돼	Can I?	~해도 돼?
I will	~할게	I won't	~안 할게	Shall I?	~할까? (제안)

기초영어 1000문장 말하기 연습

정답확인 : P 256

01	나 배고파. 난 이거 먹고 싶어.	11	난 이거 못 먹어.
02	너 뭐 좀 먹어야 돼.	12	뭐 먹을래? 어디서 먹을래?
03	우리 이거 먹어도 돼.	13	우리 뭐 먹을까?
04	난 나중에 먹을게.	14	저 이거 왜 먹어야 돼요?
05	나 이거 먹을 수 있어.	15	저 여기서 이거 먹어도 되나요?
06	이거 드셔도 돼요. 완전 맛있어.	16	이거 어디서 먹을 수 있어요?
07	이거 안 먹을래.	17	이거 드실 수 있어요?
08	우리 이거 먹으면 안돼.		
09	이거 드시지 않아도 돼요.		
10	아무것도 안 먹을게.		

Dialogue Practice

A: Excuse me, can you help (me)?

B: Sure. (Of course.) What is it?

A: This/It is my ticket. Where do I have to go?

B: You have to go to gate 33.

A: Which way is it?

B: It is this way.

…

A: I want to buy (some/a bottle of) water. Where is the store?
Do I have to go up or (do I have to) go down?

B: It is on the second floor. You have to go up.

A: Thank you. Have a nice/good day.

B: You are welcome. You, too.

A: How can I go to this station? Is it far from here?

B: It is not far, but you have to take a bus.
    You are here now, and this is that/the station.

A: Can I have/take this map? Is it free?

B: You can have/take it. It is free.

A: Can I take/have two? Can you give me two?

B: You can take/have two.

인포메이션 데스크

A: 실례지만, 도와줄 수 있어요?

B: 물론이죠. 뭐죠?

A: 이게 제 티켓인데요. 저 어디로 가야 되죠?

B: 33번 게이트로 가야 돼요.

A: 어느 길이에요?

B: 이길[this way] 이에요.

…

A: 물을 사고 싶은데, 가게[the store]는 어디에 있죠? 올라가야
되나요 내려가야 되나요? [올라가다 go up, 내려가다 go down]

B: 2층에 있어요. [2층에 on the second floor] 올라가야 돼요.

A: 고마워요. 좋은 하루 보내세요.

B: 천만에요. 당신도요.

A: 이 역 [this station]에 제가 어떻게 갈수 있나요? 여기서 먼가요?

B: 멀지는 않은데, 버스를 타야 돼요. [버스 타다 take a bus]
     당신은 지금 여기에 있고요, 이게 그 역이에요.

A: 이 지도[this map] 제가 가져도 되나요? 공짜인가요? [공짜인 free]

B: 가져도 돼요. 공짜입니다.

A: 두 개 가져가도 되나요? 저한테 두 개 줄 수 있나요?

B: 두 개 가져가도 됩니다.

숍

A: Can I try it on?

B: Yes, you can try it on.

A: Where is the fitting room?

B: It is (over) there. I will show you.
   How is it?

A: It is a bit big.

B: What size is it?

A: It is size 8.

B: I will get/bring size 6. Hang on/Hold on.
   It is size 6. Do you want to try it on?

A: Yes, please. Thank you.

B: How is it?

A: It is good. I will buy/take it. Can I have it, please?

A: 이거 입어봐도 되나요?

B: 네, 입어봐도 돼요.

A: 피팅룸이 어디 있죠?

B: 저쪽에 있어요. 보여줄게요.
어때요?

A: 이거 조금 커요.

B: 그게 무슨 사이즈죠?

A: 사이즈 8이네요.

B: 사이즈 6 가져올게요. 잠깐만요 [Hang on] 이게 사이즈 6인데,
입어볼래요?

A: 네 [Yes, please] 고마워요.

B: 어때요?

A: 좋아요. 이거 살게요. 이거 **주세요**

Unit

7

동사를 두 개 사용해
길게 한 문장으로 말하고 싶을 때

'to 부정사'

문장에 동사 = 무조건 하나 이상 들어간다

동사가 없으면 = be 동사 쓴다

동사를 더 넣고 싶으면? = to 로 연결합니다!

'to'는 동사원형의 친구잖아요! (예: want to, have to)

It is
- nice / good
- better
- easy / hard / difficult
- possible / impossible
- dangerous
- sad
- etc.

to

흔히 사용하는 '만나서 반갑다' 인 **'nice to meet you'** 네요! 사실 그 표현 앞에
생략된 것이 바로 'It is' 였습니다! (반갑고 좋다, 무엇이? 만난 그것이 말이에요!)
순서 역시도 저희 계속 연습하던 대로 한국말의 역순으로 올라오지요.
('만나서/ 좋아')

이렇게 만듭니다!

문장의 핵심단어인 '동사'를 넣습니다!

Positive (긍정)	Negative (부정)	Question (의문)
고치기 쉬워 It is easy to fix.	고치기 쉽지 않아 It is not easy to fix.	고치기 쉬워? Is it easy to fix?

긍정문

☞ 오른쪽 힌트를 이용해서, 직접 문장을 만들어보세요!

훈련용 MP3

정답확인 : P 257

01	널 만나서 / 너무 좋아. 🔊 It's very/so nice to _____ .	
02	널 봐서 너무 좋아. 🔊	
03	말하기가 어려워요. 🔊	
04	그 사람 이해하기 힘들어. 🔊	
05	알아서 좋아. 🔊	[알려줘서 고맙다는 의미, 그리 고 말 그대로 알아서 좋다는 의 미도 있음.]
06	너랑 얘기하는 거 좋아. 🔊	
07	설명하기 어려워. 🔊	[설명하다 explain]
08	그거 하는 거 불가능해. 🔊	
09	여기 오는 거 좋아. 🔊	
10	지금 사는 게 더 좋아. 🔊	[더 좋은 better]

긍정문

☞ 오른쪽 힌트를 이용해서, 직접 문장을 만들어보세요!

11	이해하기 쉬워. 🔊	
12	그렇게 말해줘서 좋아. 🔊	
13	말하는 건 쉽지. 🔊	
14	하는 게 어렵지. 🔊	
15	돈 모으는 거 불가능이야. 🔊	[돈 모으다 save money]
16	밤에 혼자 나가는 거 위험해. 🔊	[밤에 at night]
17	아침에 일찍 일어나는 거 너무 힘들어. 🔊	[아침에 in the morning]
18	찾기 어려워. 🔊	
19	이거 만들기 쉬워. 🔊	
20	그거 하는 거 바보 같아. 🔊	[바보 같은 silly]

긍정문

☞ 오른쪽 힌트를 이용해서, 직접 문장을 만들어보세요!

21	그거 하기에 너무 늦었어. 🔊	
22	그거 사는 거 싸. 🔊	
23	그거 쓰기(사용하기) 쉬워. 🔊	
24	너 같은 친구가 있어서 너무 좋아. 🔊	[친구가 있다 have a friend, 너 같은 like you]
25	집중하기 어려워. 🔊	[집중하다 focus/concentrate]
26	부탁하기 어려워. 🔊	[부탁하다 ask]
27	새로운 언어를 배우는 게 힘들어. 🔊	[새로운 언어 a new language]
28	거기 가는 거 불가능해. 🔊	
29	찾기 쉬워. 🔊	
30	설치하기 단순해. 🔊	[단순한 simple]

긍정문

☞ 오른쪽 힌트를 이용해서, 직접 문장을 만들어보세요!

31	업그레이드 하는 거 매우 단순해. 그냥 'yes'만 클릭하면 돼.	[클릭하다 click]
32	가입하기 쉬워. 인터넷으로 해도 돼.	[가입하다 join]
33	혼자 여행하는 거 위험해.	
34	기억하기 쉬워.	
35	배우는 거 재미있어. 걱정 안 해도 돼.	
36	새로운 사람을 만나는 거 재미있어.	
37	그렇게 생각하는 거 나빠.	[그렇게 like that]
38	걸어 가기엔 멀어.	
39	여기 있어서 너무 좋다.	'있다'는 '있다, 머무르다'인 'stay', 또는 'be'를 사용할 수 있어요. 'to' 다음엔 '동사원형' 자리이고, 동사가 없으면 be동사를 사용해 요. 그럼 왜 'am'이나 'is'가 아닐까 요? 동사'원형'자리라서 그래요!! 원형!
40	너랑 있어서 너무 좋아.	

부정문

☞ 오른쪽 힌트를 이용해서, 직접 문장을 만들어보세요!

41	그거 고치는 거 비싸지 않아.	
42	맞는 걸 찾는 게 쉽지 않아.	[맞는 것 the right one/the right thing]
43	걷기에 멀지 않아.	
44	여기서 수영하는 거 안전하지 않아.	[안전한 safe]
45	이렇게 운전하는 거 안전하지 않아.	[이렇게 like this]
46	그거 하는 거 어렵지 않아.	
47	사용하는 거 어렵지 않아.	
48	만드는 거 쉽지 않지.	
49	교체하기 어렵지 않아요.	[교체하다 replace]
50	그렇게 말하는 거 좋지 않아.	

부정문

☞ 오른쪽 힌트를 이용해서, 직접 문장을 만들어보세요!

51	해보기 나쁘지 않아. 🔊	
52	설치하기 싸지 않아. 🔊	
53	업그레이드하기 어렵지 않아요. 🔊	[업그레이드하다 upgrade]
54	그거 하는 게 불가능한 게 아니야. 모든 게 가능하지. 🔊	[모든 것 everything: 주인공입니다!!!]
55	이해하기 어렵지 않아. 🔊	
56	그거 하는 거 괜찮지 않아. 하면 안 돼. 🔊	
57	제시간에 도착하는 게 가능하지 않아. 🔊	[제시간에 on time]
58	그거 하기에 늦지 않았어. 🔊	
59	설치하기 어렵지 않아요. 🔊	
60	결정하기 쉽지 않아요. 🔊	

의문문

☞ 오른쪽 힌트를 이용해서, 직접 문장을 만들어보세요!

61	그렇게 하는 게 가능한가요? 🔊	
62	이거 고치는 게 가능한가요? 이거 고칠 수 있어요? 🔊	
63	찾기 쉬워요? 🔊	
64	만드는 게 가능한가요? 🔊	
65	그거 만드는 게 어려운가요? 🔊	
66	그거 사는 거 비싸요? 🔊	
67	그거 고치는 게 싼가요? 🔊	
68	이거 사용하기 쉬운가요? 🔊	
69	그거 해도 괜찮아요? 🔊	
70	지금 주문하는 게 가능한가요? 🔊	

의문문

☞ 오른쪽 힌트를 이용해서, 직접 문장을 만들어보세요!

71	그렇게 해도 안전한가요?	
72	여기서 수영하는 것이 안전한가요?	
73	나중에 업그레이드하는 게 가능한가요?	
74	오늘밤에 배달하는 게 가능한가요? 배달료가 얼마예요?	[오늘밤 tonight, 배달료 delivery fee]
75	설치하기 쉬운가요?	
76	설치하는 게 비싼가요? 설치비가 얼마죠?	[설치비 installation fee]
77	그렇게 하는데 비싼가요? 얼마예요?	
78	오늘 하는 게 가능한가요?	
79	이거 사용해도 괜찮아요?	
80	지금 바꾸는 게 가능한가요?	

의문문

☞ 오른쪽 힌트를 이용해서, 직접 문장을 만들어보세요!

81	스케줄을 재조정하기엔 늦었나요?	[스케줄을 재조정하다 reschedule]
82	그거 하기에 늦었나요?	
83	지금 가도 괜찮아요?	
84	거기 방문하는 게 가능한가요?	[방문하다 visit]
85	배우기 쉬운가요?	
86	걸어가기에 먼가요?	
87	지금 사는 게 더 나은가요?	[더 나은, 더 좋은 better]
88	기다리는 게 더 나은가요?	
89	여기다 이걸 두는 게 괜찮은가요?	
90	오늘 저녁에 그걸 픽업 하는 게 가능한가요?	

의문문

☞ 오른쪽 힌트를 이용해서, 직접 문장을 만들어보세요!

91	지금 주문하기엔 늦었나요? 🔊	
92	제 주문을 바꾸기엔 늦었나요? 🔊	[내 주문 my order]
93	가입하기 쉬운가요? 🔊	
94	따라가기 쉬운가요? 🔊	[따라 가다, 따라 하다 follow]
95	기차를 타는 게 더 나은가요? 🔊	
96	지금 취소하는 게 가능한가요? 🔊	
97	집에서 요리하기에 단순한가요? 🔊	
98	이걸 복구하는 게 가능한가요? 🔊	[복구하다 restore]
99	다시 만드는 게 불가능한가요? 🔊	[다시 만들다 remake]
100	이기는 게 가능한가요? 난 정말 이기고 싶어. 🔊	

Positive (긍정)		Negative (부정)		Question (의문)	
I want to	~할래, 하고 싶어	I don't want to	~안 할래	Do you want to?	~할래?
I have to	~해야 돼 (의무)	I don't have to	~안 해도 돼	Do I have to?	~해야 돼?
I can	~할수있어	I can't	~못 해, 할 수 없어	Can you?	~할 수 있어? ~해줄래? (부탁)
You can	~해도 돼 (허락)	You can't	~하면 안 돼	Can I?	~해도 돼?
I will	~할게	I won't	~안 할게	Shall I?	~할까? (제안)

정답확인 : P 259

01	일찍 도착해야 돼. ꝭ⁾	11	몇 시에 도착해야 돼? ꝭ⁾
02	시간 안에 도착하고 싶어. [시간 안에 in time] ꝭ⁾	12	몇 시에 도착할 수 있어? ꝭ⁾
03	제시간에 도착할 수 있어. [제시간에 on time] ꝭ⁾	13	몇 시에 도착하고 싶어? ꝭ⁾
04	늦게 도착해도 돼. ꝭ⁾	14	언제 도착할까? ꝭ⁾
05	일찍 도착할게. ꝭ⁾	15	오늘밤에 도착해도 돼? [오늘밤 tonight] ꝭ⁾
06	늦게 도착하고 싶지 않아. ꝭ⁾		
07	일찍 도착하지 않아도 돼. ꝭ⁾		
08	제시간에 도착 못 해. ꝭ⁾		
09	늦게 도착하면 안 돼. ꝭ⁾		
10	늦게 도착하지 않을게. ꝭ⁾		

버스

A: Can I ask (you) a question?

B: You can ask (me) many questions.

A: I want to go to City Tower. How far is it? Is it far from here?

B: It is not very far.

A: How can I get/go there from here? Can I walk there?

B: You can walk there, but it is a bit far to walk. You can take a bus.

A: Where is the bus stop?

B: The bus stop is right there.

A: What bus do I have to take?

B: You can take 300 or 305. It is better to ask the driver.

A: Thank you.

A: I have to go to City Tower. Can I take this bus?

B: Yes, you can take this bus.

A: Where do I have to get off?

B: You have to get off at the City tower stop. I will let you know later.

A: Thank you. You are so/very kind.

버스

A: 질문 하나 해도 되나요? [질문하다 ask a question]

B: 많은 질문을 해도 됩니다. [많은 질문하다 ask many questions]

A: City Tower에 가고 싶은데요. 얼마나 먼가요? 여기서 먼가요?

B: 별로 멀지 않아요.

A: 어떻게 여기서부터 거기에 갈 수 있죠? 거기에 걸어 갈 수 있나요?

B: 걸어갈 수 있지만요, 걷기에는 조금 멀고요. 버스를 타도 돼요.

A: 버스 정류장이 어디에 있나요?

B: 버스 정류장은 바로 저기에 있어요. [바로 저기 right there]

A: 무슨 버스를 타야 하나요?

B: 300번, 305번 버스를 탈 수 있어요. 운전사에게 물어보는 게 더 나아요.

A: 고마워요.

A: City Tower에 가야 하는데요, 이 버스를 타도 되나요?

B: 네, 이 버스를 타도 돼요.

A: 어디에서 내려야 되나요? [내리다 get off]

B: City tower stop에서 내려야 돼요. 이따 알려드릴게요.

A: 감사합니다. 정말 친절하세요.

Dialogue Practice

⏱ ∞

Wi-Fi

A: I want to use the internet. Can I use your Wi-Fi?

B: Yes, you can use it.

A: Can I have your Wi-Fi password, please?
(Can you give me your Wi-Fi password?)

B: You don't have to put/press the password. It is open.

A: What is your Wi-Fi network?

B: It is Cafewifi.

A: Thank you.

…

A: Can I use the internet? What is your Wi-Fi password?

B: It is here. I will write it.

A: Is it your Wi-Fi password?

B: Yes, it is right.

A: Is it possible to use Wi-Fi here?
   Is it free to use your Wi-Fi network?

B: Yes, it is free to use Wi-Fi.

A: 인터넷을 사용하고 싶어요. 너희의 Wi-Fi를 사용해도 되나요?

B: 네, 사용해도 돼요.

A: Wi-Fi 비밀번호[password]를 제게 주실래요?

B: 비밀번호 넣지 않아도 돼요. [넣다 put/press] 개방되어 있어요.
[개방되어 있는 open]

A: 너희의 Wi-Fi 네트워크가 뭐예요?

B: 'Cafewifi'이에요.

A: 고마워요.

…

A: 인터넷을 사용해도 되나요? 너의 Wi-Fi 비밀번호[password] 가
뭐예요?

B: 여기 있어요. 적어줄게요.

A: 이게 너의 Wi-Fi 비밀번호 인가요?

B: 네, 맞아요.

A: 여기서 Wi-Fi 사용하는 게 가능한가요?
너희의 Wi-Fi 네트워크 사용하는 게 공짜인가요?

B: 네, Wi-Fi 사용하는 거 공짜입니다.

Unit

8

조언을 말하고 싶을 때

'should ~하는 게 좋겠다'

'Should' 도 'have to'처럼 뭔가를 해야 하는 표현으로 많이 사용하는데, 좀 더 부드러운 단어입니다. 한 가지 다른 점은 'should'는 '의무' 보다는 '~하는 게 좋겠어, 그게 더 나, 그게 더 좋은 생각이야'의 뉘앙스를 가지고 있습니다.
따라서 조언을 하거나 받을 때, '~하는 게 좋을 것 같아', '같아'의 'think'과 함께 사용해서, 더욱 부드러운 조언의 표현을 만들 수 있습니다.

Positive (긍정)	Negative (부정)	Question (의문)
I should	I shouldn't	Should I ?
~하는 게 좋겠다	~안 하는 게 좋겠다 ~하지 않는 게 좋겠다	~하는 게 좋을까?
I think { I we you they he she it } should	I don't think { I we you they he she it } should	Do you think { I we you they he she it } should?
~하는 게 좋을 것 같아	~안 하는 게 좋을 것 같아 ~하지 않는 게 좋을 것 같아	~하는 게 좋을 것 같아?

해설강의 MP3

문장의 핵심단어인 '동사'를 넣습니다!

'should'도 조동사(조수 동사)이에요.

조동사는 동사원형의 친구인 'to' 없이 바로 동사를 넣어 간단하게 말합니다.

Positive (긍정)	Negative (부정)	Question (의문)
그거 바꾸는 게 좋겠어. I should change it.	안 바꾸는 게 좋겠어. I shouldn't change it.	바꾸는 게 좋을까? Should I change it?
가는 게 좋을 것 같아 I think I should go.	안 가는 게 좋을 것 같아. I don't think I should go.	가는 게 좋을 것 같아? Do you think I should go?

긍정문

☞ 오른쪽 힌트를 이용해서, 직접 문장을 만들어보세요!

훈련용 MP3

정답확인 : P 260

01	피곤해. 나 오늘은 일찍 자는 게 좋겠어. 🔊	
02	내일은 일찍 일어나는 게 좋겠다. 🔊	
03	이거 정말 괜찮은 책이야. 너 이거 읽어보는 게 좋겠어. 🔊	[정말 괜찮은 책 a very good book]
04	이거 정말 좋은 영화야. 너 가서 보는 게 좋겠어. 🔊	
05	늦었어. 지금 가는 게 좋겠다. 🔊	[늦은 late]
06	지저분해. 집 청소하는 게 좋겠어. 🔊	[지저분한 messy]
07	이거 별로 안 비싸네. 너 이거 사는 게 좋겠어. 🔊	
08	우리 Pam을 기다리는 게 좋겠어. 🔊	[기다리다 wait for]
09	내 우산을 못 찾겠어. 새로 하나 사는 게 좋겠다. 🔊	[우산 umbrella]
10	Sally한테 먼저 물어보는 게 좋겠어. 🔊	[먼저 first]

기초영어 1000문장 말하기 연습

긍정문

☞ 오른쪽 힌트를 이용해서, 직접 문장을 만들어보세요!

11	줄리하고 먼저 얘기해보는 게 좋겠어. 🔊	
12	나 나중을 위해 이거 갖고 있는 게 좋겠어. 🔊	[나중을 위해 for later].
13	이거 맛있어. 너 좀 먹어보는 게 좋겠어. 🔊	
14	위험해. 조심하는 게 좋겠어. 🔊	[조심하다 be careful]
15	안전벨트 메야지. 🔊	[안전벨트 메다 wear a seatbelt]
16	걷기엔 멀어. 택시 타는 게 좋겠어. 🔊	[택시 타다 take a taxi]
17	나 이 전화 받는 게 좋겠어. 🔊	[전화 받다 answer the phone /take this call]
18	여기 너무 예쁘다. 우리 사진 찍는 게 좋겠다. 🔊	
19	너가 먼저 미안하다고 말하는 게 좋겠어. 🔊	
20	우리가 먼저 사과하는 게 좋겠어. 🔊	

21	너 그런 말 하는 거 안 좋아.	
22	거짓말하는 거 안 좋아.	
23	나 너무 많이 안 먹는 게 좋겠다.	[너무 많이 too much]
24	너 그런 거 하면 안 좋아.	
25	너 안 늦는 게 좋겠다.	[늦은 late, whoops! 동사자리에 동사가 없으면?? be!!]
26	이거 잃어버리지 않는 게 좋겠어.	[잃어버리다 lose]
27	너무 비싸다. 너 이거 안 사는 게 좋겠다.	
28	이거 여기다 두지 않는 게 좋겠어.	
29	우리 여기다 주차 안 하는 게 좋겠어.	
30	우리 아무 말도 안 하는 게 낫겠다. 그게 더 나아.	[더 나은 better]

31	이거 하는 게 좋을까? 🔊	
32	나 뭐 하는 게 좋을까? 🔊	
33	내가 이 모자 사는 게 나을까? 🔊	
34	내가 뭐 사는 게 좋을까? 🔊	
35	내가 지금 나가는 게 좋을까? 🔊	
36	우리 언제 나가는 게 좋을까? 🔊	
37	내가 Carrie한테 물어보는 게 좋을까? 🔊	
38	우리 Tim을 초대하는 게 나을까? 🔊	[초대하다 invite]
39	이거 가지고 있는 게 나을까? 🔊	
40	우리 어느 거 보관하는 게 좋을까? 🔊	

의문문

☞ 오른쪽 힌트를 이용해서, 직접 문장을 만들어보세요!

41	이거 어디다 보관하는 게 좋을까?	
42	이것들 버리는 게 좋을까?	
43	내가 Sandra한테 말하는 게 나을까?	
44	Sandra한테 뭐라고 말하는 게 좋을까?	
45	내가 몇 시에 전화하면 좋을까요?	
46	나 이제 뭐하면 좋을까?	
47	우리 어느 길로 가는 게 좋을까?	
48	우리 어디 가는 게 좋을까?	
49	내가 이거 어디다 두는 게 나을까?	
50	뭐라고 말하면 좋을까?	

긍정문

☞ 오른쪽 힌트를 이용해서, 직접 문장을 만들어보세요!

51	내 생각엔 너가 이거 하는 게 좋을 것 같아. 🔊 I think_____.	
52	난 우리가 이거 저장하는 게 좋을 것 같아 🔊	[저장하다 save]
53	너의 눈이 빨개. 너 지금 자는 게 좋을 것 같아. 🔊	[빨간 red, 한쪽 눈이 빨간 거면 your eye, 두 눈 다이면 your eyes입니다!]
54	이거 싸다. 내 생각엔 너가 이거 사는 게 좋을 것 같아. 🔊	
55	내 생각엔 너가 아는 게 좋을 것 같아. 🔊	
56	나 지금 가는 게 좋을 것 같아. 🔊	
57	난 너가 이 책 읽는 게 좋을 것 같아. 🔊	
58	너가 일찍 도착하는 게 좋을 것 같아. 🔊	
59	너 뭔 갈 먹는 게 좋을 것 같아. 🔊	
60	난 너가 잘 들었으면 좋을 것 같아. 🔊	[잘: 'well'는 잘한다는 의미의 '잘' 입니다, 여기서는 listen carefully]

61	우리 그 애를 믿는 게 좋을 것 같아. 🔊	[믿다 trust/believe]
62	우리 미리 예약하는 게 좋을 것 같아. 안 그러면 오래 기다려야 돼. 🔊	[미리 in advance, 안 그러면 otherwise]
63	우리 거기서 차를 렌트 하는 게 좋을 것 같아. 🔊	[차를 렌트 하다 rent a car]
64	난 더 연습하는 게 좋을 것 같아. 🔊	[더 more]
65	여기 너무 조용한데. 음악을 트는 게 좋을 것 같아. 🔊	[조용한 quiet, 음악을 틀다 play music]
66	며칠 동안 커피를 피하는 게 좋을 것 같아. 🔊	[피하다 avoid, 며칠 동안 for a few days]
67	너 그 애와 직접 대화하는 게 좋을 것 같아. 🔊	[대화하다 talk to/speak to, 직접 (만나서 얼굴보고) in person]
68	너가 그 애를 용서하는 게 좋을 것 같아. 그 애를 위한 게 아니야. 널 위해서야. 🔊	
69	우리 지금 준비하는 게 좋을 것 같아. 🔊	[준비하다 get ready]
70	우리 서두르는 게 좋을 것 같아. 지금 택시 부를게. 🔊	

71	우리 여기에 안 있는 게 좋을 것 같아. ᢓ》	
72	너가 지금 결정하지 않는 게 좋을 것 같아. 생각해 보는 게 좋겠어. ᢓ》	
73	난 너가 이거 안 하는 게 좋을 것 같아. ᢓ》	
74	늦었어. 난 너가 지금 전화하지 않는 게 나을 것 같아. ᢓ》	
75	난 너가 이거 버리지 않는 게 나을 거 같아. ᢓ》	
76	난 너가 이거 여기다 두지 않는 게 좋을 것 같아. ᢓ》	
77	너가 새 거 사지 않는 게 좋을 것 같아. 이거 고치는 게 좋겠어. ᢓ》	
78	난 우리가 걱정하지 않는 게 더 나을 것 같아. ᢓ》	
79	너가 이거 안보는 게 좋을 것 같아. ᢓ》	
80	우리가 내일 안가는 게 좋을 것 같아. ᢓ》	

의문문

☞ 오른쪽 힌트를 이용해서, 직접 문장을 만들어보세요!

81	네 생각엔 내가 이거 사는 게 나을 거 같아?	
82	내가 어느 거 사는 게 좋을 것 같아?	
83	네 생각엔 내가 뭘 하는 게 좋을 것 같아?	
84	네 생각엔 내가 그냥 기다리는 게 좋을 것 같아?	
85	내가 이거 지금 고치는 게 좋을 것 같아?	
86	우리가 지금 신청하는 게 더 좋을 것 같니?	[신청하다 apply]
87	내가 뭐라고 하는 게 좋을 것 같아?	[뭐라고 하다: '하다'가 여기서는 무슨 의미이죠? 행동하다 인 'do'의 의미인가요? 말하다 'say'의 의미인가요?]
88	우리 어디 가는 게 좋을 것 같아?	
89	내가 어느 거로 사용하는 게 더 좋을 것 같아?	
90	우리 언제 만나는 게 좋을 것 같아?	

의문문

☞ 오른쪽 힌트를 이용해서, 직접 문장을 만들어보세요!

91	어느 길로 제가 가는 게 좋을 것 같아요? 🔊	
92	내가 뭘 공부하는 게 좋을 것 같아? 🔊	
93	뭘 가져오는 게 좋을 것 같아? 🔊	
94	우리 그 애를 어떻게 돕는 게 좋을 것 같아? 🔊	
95	뭘 주문하는 게 좋을 것 같아요? 뭘 추천할 수 있나요? 🔊	
96	몇 개 사는 게 좋을 것 같아? 🔊	[몇 개 how many]
97	우리 이번엔 어디로 여행 가는 게 좋을 것 같아? 🔊	
98	이걸 어떻게 해결하는 게 좋을 것 같아? 🔊	[해결하다 fix/solve]
99	내가 그걸 무시하는 게 좋을 것 같아? 🔊	[무시하다 ignore]
100	어느 책을 먼저 읽는 게 좋을 것 같아? 🔊	

Review

복습강의 MP3

Positive (긍정)		Negative (부정)		Question (의문)	
I want to	~할래, 하고 싶어	I don't want to	~안 할래	Do you want to?	~할래?
I have to	~해야 돼 (의무)	I don't have to	~안 해도 돼	Do I have to?	~해야 돼?
I can	~할수있어	I can't	~못 해, 할 수 없어	Can you?	~할 수 있어? ~해줄래? (부탁)
You can	~해도 돼 (허락)	You can't	~하면 안 돼	Can I?	~해도 돼?
I will	~할게	I won't	~안 할게	Shall I?	~할까? (제안)
I should	~하는 게 좋겠다	I shouldn't	~안 하는 게 좋겠다	Should I?	~하는 게 좋을까?
I think I should	~하는 게 좋을 것 같아	I don't think I should	~안 하는 게 좋을 것 같아	Do you think I should?	~하는 게 좋을 것 같아?

기초영어 1000문장 말하기 연습

정답확인 : P 263

01	우리 이거 지금 주문해야 돼.	11	우리 아무것도 주문하지 않아도 돼.
02	내가 그거 주문할 수 있어.	12	너 그거 주문하면 안돼. 그건 아직 준비가 안되었어. [준비된 ready, 아직 yet]
03	난 이거 주문할래.	13	지금 주문할래요? 뭐 주문할래요?
04	우리 이걸로 주문하는 게 좋겠다.	14	저 이거 주문해도 되나요?
05	난 너가 이걸로 주문하는 게 좋을 것 같아.	15	저희가 어느 걸 주문해야 되죠?
06	너 그거 주문해도 돼.	16	우리 지금 주문하는 게 좋을까?
07	나 이거 주문 못 하겠어. 어려워.	17	넌 우리가 뭘 주문하는 게 좋을 것 같아?
08	우리 지금 이거 주문하지 않는 게 좋겠어.	18	우리 뭐 주문할까?
09	난 우리가 이거 주문하지 않는 게 좋을 것 같아.	19	너가 그걸 날 위해 주문해줄래?
10	난 그거 주문하기 싫어. 그건 별로야. (그건 좋지 않아)		

물건주문

A: I want to order it.

B: Do you want to use our delivery service? Or do you want to pick it up later?

A: How much is the delivery fee? Is it free?

B: It is 5 dollars. It is not free.

A: I think I should pick it up later. When should I pick it up?

B: We are pretty/quite busy now. I think you should come back in an hour.

…

A: I will use your delivery service.

B: Can you write your address here?

A: How much is it altogether? I will pay now.

A: I will order/take it. How long do I have to wait?

B: You have to wait (for) 10 minutes.

A: Should I wait here?

B: You can wait here, or you can come back later. It is your number.

A: Ok. I will come back in 10 minutes.

⏱ ∞

물건주문

A: 이걸 주문하고 싶어요.

B: 우리의 배달서비스[our delivery service]를 이용하실래요? 아님 나중에 픽업하실래요?

A: 배달료가 얼마예요? [delivery fee] 공짜인가요?

B: 5불이에요. 공짜 아니에요.

A: 제가 나중에 픽업하는 게 좋을 것 같아요. 제가 언제 픽업하러 오는 게 좋을까요?

B: 우리가 지금 꽤[pretty/quite] 바빠서요. 한 시간 후에[in an hour] 다시 오는 게 좋을 것 같아요.

…

A: 배달 서비스를 이용할게요.

B: 여기에 너의 주소를 적어 줄래요? [주소 address]

A: 다해서 [altogether] 얼마예요? 지금 계산할게요.

A: 이걸 주문할게요. 얼마나 오래 기다려야 하나요?

B: 10분 기다려야 돼요.

A: 여기서 기다리는 게 좋을까요?

B: 여기서 기다려도 되고, 이따 다시 오셔도 돼요. 이게 너의 넘버
예요.

A: 알았어요. 10분 있다가 [in ten minutes] 다시 올게요.

物건주문 → 물건주문

A: It/This is my number, is my order ready?

B: Yes, it is ready. Here it is / Here you are.

A: Is my order ready? Here is my number.

B: Not yet. I am sorry. I think you should come back in 5 minutes.

A: Ok. I will be/come back soon.

B: Your order is ready.

A: Thanks.

A: Excuse me, can you help me?

B: Yes, how can I help you?

A: I have to fill it/this in. What do I have to write here?

B: You have to write your flight number here. And you have to write your address here.

A: What is 'occupation'?

B: It is a job.

A: Where do I have to sign?

B: You have to sign here and here.

A: 이게 제 넘버인데요, 제 주문[my order] 다 되었나요? [준비된, 다 된 ready]

B: 네, 준비되었어요. 여기요.

…

A: 제 주문 다 되었나요? 여기 제 넘버요.

B: 아직이요. [Not yet] 미안해요. 5분 있다가 다시 오면 좋을 것 같아요.

A: 알겠어요. 금방 돌아올게요.

B: 너의 주문이 다 되었어요.

A: 감사합니다.

A: 실례지만, 도와주실래요?

B: 네, 제가 어떻게 도울 수 있을까요?

A: 이걸 작성해야 되는데요. [작성하다 fill-in/fill-out]
여기에 뭘 써야 하나요?

B: 여기에 항공편명 [flight number]을 적으셔야 해요. 여기에는 주
소를 적어야 돼요.

A: 'Occupation'이 뭐예요?

B: 직업이에요.

A: 어디에 싸인 해야 되나요?

B: 여기랑 여기에 싸인 해야 돼요.

Unit

9

하고 싶은 걸
부드럽게 말하고 싶을 때

Would like to '~할래요'

'would like to'는 'want to' 와 비슷한 '할래요, 하고 싶어요'라는 표현이며, 존대의 의미도 약간 들어가 조금 더 부드러운 표현이에요.

Positive (긍정)	Negative (부정)	Question (의문)
I'd like to	I wouldn't like to	Would you like to?
~할래요 ~하고 싶어요	~안 할래요 ~하고 싶지 않아요	~하실래요? ~하고 싶으세요?

이렇게 만듭니다!

문장의 핵심단어인 '동사'를 넣습니다!

('to'는 동사원형의 친구예요.)

Positive (긍정)	Negative (부정)	Question (의문)
지금 주문할래요. I'd like to order now.	지금 주문하지 않을래요. I wouldn't like to order now.	바꾸는 게 좋을까? Would you like to order now?

〈주의할 점〉

'To' 뒤 = **동사원형** 자리예요. (동사 더 넣고 싶을 땐 'to'로 연결)

그렇다면, 동사가 없는 경우는? = 형용사 등이 올 때 = **be동사**를 사용해요.

현재형인 am, is, are 가 아니라 원형인 **'be' 자체**를 사용하면 됩니다!

(예: 행복하고 싶어요 ➜ 행복한 'I'd like to **be** happy.')

긍정문

☞ 오른쪽 힌트를 이용해서, 직접 문장을 만들어보세요!

훈련용 MP3

정답확인 : P 263

01	지금 집에 가고 싶어요. 🔊	
02	이거 가지고 싶어요. 🔊	
03	이거 사고 싶어요. 🔊	
04	운동하고 싶어요. 🔊	[운동하다 exercise/work out]
05	옷 갈아입고 싶어요. 🔊	[옷 갈아입다 get changed]
06	그거 가서 가져오고 싶어요. 🔊	[가서 가져오다 go and bring]
07	택시 타고 싶어요. 🔊	[택시 타다 take a taxi]
08	조금 걷고 싶어요. 🔊	[걷다 walk, 조금 for a while/a bit]
09	전 쉬고 싶어요. 🔊	[쉬다 take a rest (휴식을 취하는 것) /take a break (일 도중 쉬는 것)]
10	너랑 내일 점심 먹고 싶어요. 🔊	

기초영어 1000문장 말하기 연습

긍정문

☞ 오른쪽 힌트를 이용해서, 직접 문장을 만들어보세요!

11	당신 다시 만나고 싶어요. 언제 우리 **다시 만날 수 있을까요?** 🔊	
12	**영화 보고 싶어요.** 🔊	[영화 a movie]
13	너를 거기에 데려가고 싶어요. 🔊	[데려가다 take, 거기 there]
14	**이따가 다시 오고 싶어요.** 🔊	
15	나 이거 지금 쓰고 싶어요. 괜찮나요? 🔊	
16	**이거 벗고 싶어요.** 🔊	[벗다 take-off]
17	이거 입고 싶어요. 🔊	[입다, 신다, 끼다, 쓰다 wear/ put-on]
18	**이것들 신어보고 싶어요.** 🔊	[입어보다, 신어보다, 껴보다, 써보다 try-on, 이것들 these/ them]
19	지금 시작하고 싶어요. 🔊	
20	**오늘 이거 다 하고 싶어요.** 🔊	[다하다 finish]

긍정문

☞ 오른쪽 힌트를 이용해서, 직접 문장을 만들어보세요!

21	**늦잠 자고 싶어요.** 🔊	[늦잠 자다 sleep in]
22	**외식하고 싶어요.** 🔊	[외식하다 eat out]
23	**사과하고 싶어요.** 🔊	
24	**고맙다고 말하고 싶어요.** 🔊	
25	**미안하다고 말하고 싶어요.** 🔊	
26	**내년에 결혼하고 싶어요.** 🔊	[결혼하다 get married, 내년 next year]
27	**나 너한테 뭐 물어보고 싶어요.** 🔊	
28	**난 이걸 너한테 주고 싶어요. 선물이에요.** 🔊	[선물 a gift]
29	**저 졸려요. 낮잠 자고 싶어요.** 🔊	[졸린 sleepy, 낮잠 자다 take a nap]
30	**지금 전화 끊고 싶어요.** 🔊	[전화 끊다 hang up]

긍정문

☞ 오른쪽 힌트를 이용해서, 직접 문장을 만들어보세요!

31	지금 혼자 있고 싶어요. 🔊	[혼자인 alone, 동사자리에 동사가 없고 형용사나 명사가 있으면?? 'be' 사용하면 되지요!]
32	행복하고 싶어요. 🔊	[행복한 happy]
33	성공하고 싶어요. 🔊	[성공한 successful]
34	건강하고 싶어요. 🔊	[건강한 healthy]
35	날씬하고 싶어요. 🔊	[날씬한 slim/slender]
36	강해지고 싶어요. 🔊	[강한 strong]
37	부자가 되고 싶어요. 🔊	[부자인 rich]
38	유명해지고 싶어요. 🔊	[유명한 famous]
39	의사가 되고 싶어요. 🔊	[의사 a doctor]
40	승자가 되고 싶어요. 🔊	[승자 a winner]

부정문

☞ 오른쪽 힌트를 이용해서, 직접 문장을 만들어보세요!

41	나 지금 아무것도 먹고 싶지 않아요.	
42	난 널 아프게(다치게) 하고 싶지 않아요.	[다치게 하다 hurt]
43	후회하고 싶지 않아요.	[후회하다 regret]
44	거짓말하고 싶지 않아요.	
45	나 지금은 아무데도 가고 싶지 않아요.	
46	알고 싶지 않아요.	
47	그거 생각하고 싶지 않아요.	
48	이거 잃어버리고 싶지 않아요.	[잃어버리다 lose]
49	그거 더 이상 기억하고 싶지 않아요.	[더 이상 anymore]
50	실수하고 싶지 않아요.	[실수하다 make a mistake]

51	서두르고 싶지 않아요. 🔊	
52	**아무것도 바꾸고 싶지 않아요. 너는 완벽해.** 🔊	[완벽한 perfect]
53	아무것도 약속하고 싶지 않아요. 🔊	[약속하다 promise]
54	**지금 결정하고 싶지 않아요.** 🔊	
55	포기하고 싶지 않아요. 🔊	[포기하다 give up]
56	늦고 싶지 않아요. 🔊	[늦은 late, 동사 자리에 동사가 없으면?]
57	혼자 있고 싶지 않아요. 🔊	
58	**화내고 싶지 않아요.** 🔊	
59	우울해하고 싶지 않아요. 🔊	[우울한 depressed]
60	**외롭고 싶지 않아요.** 🔊	[외로운 lonely]

의문문

☞ 오른쪽 힌트를 이용해서, 직접 문장을 만들어보세요!

61	지금 갈래요? 🔊	
62	언제 갈래요? 🔊	
63	어디 갈래요? 🔊	
64	나랑 같이 갈래요? 🔊	
65	이거 하실래요? 🔊	
66	뭐 하고 싶으세요? 🔊	
67	어디서 만날래요? 언제 만날래요? 🔊	
68	뭐 드실래요? 🔊	
69	뭐 마실래요? 🔊	
70	뭔가 드실래요? 🔊	

의문문

☞ 오른쪽 힌트를 이용해서, 직접 문장을 만들어보세요!

71	뭐라도 마실래요?	
72	뭐가 알고 싶으세요?	
73	여기서 잠깐만 기다릴래요? 금방 돌아올게요.	
74	뭐 주문하실래요?	
75	이거 어떻게 하고 싶으세요?	
76	뭐 사고 싶으세요?	
77	이거 어디다 두고 싶으세요?	
78	이거 가지고 싶으세요?	
79	언제 나한테 알려주고 싶으세요?	
80	생각해 보실래요?	

의문문

☞ 오른쪽 힌트를 이용해서, 직접 문장을 만들어보세요!

81	내일 저랑 브런치 하실래요? 🔊	
82	몇 시에 오시고 싶으세요? 🔊	
83	이번 주말에 뭐하고 싶으세요? 🔊	
84	이거 쓰실래요? 🔊	
85	어디 앉고 싶으세요? 🔊	
86	뭔가 말하고 싶어요? 🔊	
87	뭐 보고 싶으세요? 🔊	
88	나한테 뭐 물어보고 싶으세요? 🔊	
89	언제 나랑 같이 저녁 먹을래요? 🔊	
90	우리와 함께 할래요? 🔊	[함께하다 join, 우리 us]

91	잠깐 쉴래요? 🔊	[잠깐 쉬다 take a break]
92	어디 여행하고 싶으세요? 🔊	
93	좋은 시간을 보내고 싶으세요? 🔊	[좋은 시간을 보내다 have a good time]
94	저희의 세미나에 참석하고 싶으세요? 🔊	[참석하다 attend]
95	혼자 오고 싶어요 아님 누군가 데려오고 싶으세요? 🔊	
96	건강해지고 싶으세요? 🔊	[건강한 healthy]
97	행복해지고 싶으세요? 🔊	
98	혼자 있고 싶어요? 🔊	
99	부자가 되고 싶으세요? 🔊	[부자인 rich]
100	성공하고 싶으세요? 🔊	[성공한 successful]

복습강의 MP3

Positive (긍정)		Negative (부정)		Question (의문)	
I want to	~할래, 하고 싶어	I don't want to	~안 할래	Do you want to?	~할래?
I have to	~해야 돼 (의무)	I don't have to	~안 해도 돼	Do I have to?	~해야 돼?
I can	~할수있어	I can't	~못 해, 할 수 없어	Can you?	~할 수 있어? ~해줄래? (부탁)
You can	~해도 돼 (허락)	You can't	~하면 안 돼	Can I?	~해도 돼?
I will	~할게	I won't	~안 할게	Shall I?	~할까? (제안)
I should	~하는 게 좋겠다	I shouldn't	~안 하는 게 좋겠다	Should I?	~하는 게 좋을까?
I think I should	~하는 게 좋을 것 같아	I don't think I should	~안 하는 게 좋을 것 같아	Do you think I should?	~하는 게 좋을 것 같아?
I'd like to	~하고 싶어요	I wouldn't like to	~하고 싶지 않아요	Would you like to?	~하실래요?

기초영어 1000문장 말하기 연습

정답확인 : P 266

01	나 이거 고칠 수 있어.	13	저 이거 고치고 싶지 않아요.
02	너가 이거 고쳐도 돼.	14	이거 안 고쳐도 돼.
03	나 이거 고치고 싶어.	15	내가 이거 고칠까?
04	우리 이거 고쳐야 돼.	16	너 이거 언제 고칠래?
05	우리 이거 고치는 게 좋을 것 같아.	17	이거 고칠 수 있어요?
06	저 이거 오늘 고치고 싶어요.	18	내가 이거 고쳐도 돼?
07	내가 이거 고칠게.	19	이거 고칠래요?
08	이거 고치지 않는 게 좋겠다. 새 거로 사는 게 더 나아.	20	이거 고쳐야 되나요?
09	나 이거 안 고칠게.	21	이거 고치는 게 좋을까?
10	나 이거 안 고칠래.	22	이걸 어떻게 고치는 게 좋을 것 같아?
11	너 이거 고치면 안 돼.	23	이거 고쳐줄래요?
12	우리 이거 못 고쳐.		

쿠폰 사용

A: Here is my credit card. (It/this is my credit card here) Can I use this coupon here?

B: Yes, you can use it. Would you like to use it now?

A: Yes, please. I'd like to use this coupon.

B: Can you show me that/the coupon?

A: Here it is/ Here you are.

B: I'm afraid/I'm sorry, you can use this coupon from tomorrow.

…

A: I will use this punch card.

…

A: I would like to use this stamp card.

A: Can I have (some) chopsticks, please?

A: Can I have a plate/an empty plate/a clean plate/a side plate/ an extra plate, please?

A: I'd like to have one more fork.

A: I'd like to have/take some napkins.

A: We would like to share it. Can you put it in the middle?

A: Can you cut it in half?

쿠폰 사용

A: 여기 제 신용카드요. 이 쿠폰 여기서 사용할 수 있나요?

B: 네, 사용할 수 있어요. 지금 사용하실래요?

A: 네. [Yes, please] 이 쿠폰을 사용하고 싶어요.

B: 그 쿠폰 제게 보여주실래요?

A: 여기요.

B: 유감이지만, 이 쿠폰은 내일부터 사용할 수 있네요.

…

A: 저 이 punch card 사용할게요.(펀칭식 적립카드)

…

A: 저 이 stamp card 쓰고 싶습니다. (도장식 적립카드)

A: 젓가락 주세요. [젓가락 chopsticks]

A: 앞 접시 주세요 [앞 접시 a plate/ an empty plate/a side plate/an extra plate]

A: 포크 하나 더 가지고 싶어요.

A: 냅킨 좀 가져가고 싶어요

A: 우린 이걸 나눠 먹고 싶어요. 그거 가운데에 놓아주실래요? [가운데에 in the middle]

A: 이거 반으로 잘라 주실래요? [반으로 in half]

예약

A: I'd like to book three tickets.

A: I'd like to book a tee time.

A: I'd like to reserve a table for two (people).

A: I'd like to change my booking/reservation/appointment.

A: Is it possible to change my reservation to Tuesday? / Can I change my reservation to Tuesday?

A: I'd like to confirm my reservation.

A: I'd like to cancel my reservation.

…

A: Can I cancel my reservation now?
Do I have to pay a cancellation fee?

B: You don't have to pay a cancellation fee.

...

A: Is it possible to cancel my reservation now?

B: Yes, it is possible. But you have to pay a cancellation fee.

A: How much is the cancellation fee?

B: It is 60 (dollars). Would you like to cancel the reservation?

예약

A: 티켓 세 장을 예약하고 싶어요. [(티켓을) 예약하다 book]

A: Tee time을 예약하고 싶은데요.
[골프장 라운딩을 예약하다 book a tee time]

A: 두 명을 위한 테이블을 예약하고 싶어요
[(식당) 테이블을 예약하다 reserve a table]

A: 제 예약을 변경하고 싶어요. [예약 reservation]

A: 제 예약을 화요일로 변경하는 게 가능한가요?/ 제 예약을 화요일로 바꿀 수 있나요? [~로 변경하다, 바꾸다 change to]

A: 제 예약을 컨펌 하고 싶습니다.

A: 제 예약을 취소하고 싶어요.

…

A: 지금 제 예약을 취소할 수 있을까요?
해약금[cancellation fee]을 내야 하나요?

B: 해약금 내지 않아도 돼요.

…

A: 지금 제 예약을 취소하는 게 가능한가요?

B: 네, 가능합니다. 하지만 위약금을 내야 해요.

A: 위약금이 얼마인가요?

B: 60불입니다. 예약 취소 하실래요?

Unit

10

계획을 말하고 싶을 때

Unit 10

계획을 말하고 싶을 때

be going to (gonna) '~할거야'

'**Be going to**', 구체적으로 '**am, is, are + going to**'는 미래형 대표 주자 중의 하나로서, **주로 미리 생각해 두거나 계획한 것**을 표현할 때 사용합니다.
또한, '비가 올 거야, 재미있을 거야'처럼, 다가올 미래에 대한 예측을 나타낼 때도 'be going to'를 사용 할 수 있습니다.

Positive (긍정)	Negative (부정)	Question (의문)
I am going to	I am not going to	Am I going to?
He She It } is going to	He She It } is not going to	Is { he she it } going to ?
We You They } are going to	We You They } are not going to	Are { we you they } going to ?
~할거야	~안 할거야	~할거야?

이렇게 만듭니다!

문장의 핵심단어인 '동사'를 넣습니다!

('to'는 동사원형의 친구예요.)

Positive (긍정)	Negative (부정)	Question (의문)
잘 거야 I am going to sleep.	안 잘 거야 I'm not going to sleep.	잘 거야? Are you going to sleep?

긍정문

☞ 오른쪽 힌트를 이용해서, 직접 문장을 만들어보세요!

훈련용 MP3

정답확인 : P 267

01	이거 너무 작아서, 큰 거로 하나 살 거야. 🔊	[큰 거 a big one]
02	우리 이따가 만날 거야. 우리 8시에 만날 거야. 🔊	
03	난 먼저 생각해 볼 거야. 그리고 나서 나중에 결정할거야. 🔊	[그리고 나서 and then]
04	나 너 보고 싶을 거야. 🔊	[보고싶다, 그립다 miss]
05	나 금방 돌아올 거야. 🔊	
06	나 지금 배 안고파. 이따 먹을 거야. 🔊	
07	우리 다음달에 홍콩 갈 거야. 🔊	
08	너 이거 필요할거야. 이거 가져가도 돼. 🔊	[필요하다 need]
09	이거 먹어봐. 너가 이거 좋아할 거야. 🔊	[이거 먹어봐 Try it/some, 좋아하다 like]
10	나 집에 있을 거야. 아무 때나 전화해도 돼. 🔊	

긍정문

☞ 오른쪽 힌트를 이용해서, 직접 문장을 만들어보세요!

11	우리 이번 주말에 파티할거야. 올래?	[파티 하다 have a party]
12	나 이거 까먹을 거야. 적어야 돼.	
13	나 이거 잃어버릴 거야. 잘 보관하는 게 좋을 것 같아.	[잘 보관하다 keep - in a safe place]
14	나 그거 나중에 할거야. 그냥 둬도 돼.	
15	우리가 이길 거야.	
16	너가 질 거야.	[지다 lose]
17	그 애가 이해 할거야. 난 100프로 확신해.	[확신하는 sure]
18	그 애가 오해 할거야.	[오해하다 misunderstand]
19	그 애가 금방 전화할 거야.	
20	너 이거 싫어 할거야.	[싫어하다 hate]

21	오늘밤에 비 올 거야. 🔊	
22	크리스마스에 눈 올 거야. 🔊	[크리스마스에 on Christmas]
23	그거 될 거야. 걱정 안 해도 돼. 🔊	[되다, 작동하다 work]
24	그거 아플 거야. 무서워. 🔊	[아프다 hurt, 무서운 scared/ afraid]
25	그거 오래 걸릴 거야. 🔊	[오래 걸리다 take long]
26	그거 맞을 거야. 🔊	[(사이즈가) 맞다 fit]
27	이거 금방 시작할거야. 🔊	[시작하다 start/begin]
28	이거 금방 끝날 거야. 🔊	[끝나다 end/finish]
29	이거 너한테 잘 어울릴 거야. 🔊	[잘 어울리다 look good on + 사람/suit]
30	또 이런 일이 일어날 거야. 🔊	[무슨 일이 일어나다, 생기다 happen]

긍정문

☞ 오른쪽 힌트를 이용해서, 직접 문장을 만들어보세요!

31	나 슬플 거야. 🔊	[동사자리에 동사가 없으면?]
32	너 괜찮을 거야. 모든 게 괜찮아. 🔊	[괜찮은 ok, 모든 게 everything]
33	모든 게 괜찮을 거야. 🔊	
34	우리 늦을 거야. 서둘러야 돼. 🔊	
35	그거 재미있을 거야. 🔊	
36	그거 비쌀 거야. 🔊	
37	그게 문제일거야. 🔊	[문제 a problem]
38	힘들 거야. 하지만 넌 잘 할거야. 🔊	[잘 하다 do well]
39	한 만원 정도 일거야. 🔊	[한 about]
40	추울 거야. 🔊	

41	나 그거 더 이상 생각하지 않을 거야. 🔊	
42	난 널 잊지 않을 거야. 🔊	
43	우리 아무데도 안 갈 거야. 🔊	
44	나 아무것도 안 살 거야. 🔊	
45	난 아무것도 안 할거야. 난 그냥 쉬고 싶어. 🔊	
46	난 그 애랑 다시는 얘기하지 않을 거야. 그 애는 너무해. 🔊	[못된, 너무한 mean]
47	나 아무 말도 안 할거야. 괜찮아. 🔊	
48	넌 이거 좋아하지 않을 거야. 조금 짜다. 🔊	[짠 salty]
49	너 이거 필요하지 않을 거야. 버려도 돼. 🔊	
50	비 안 올 거야. 이거 안 가져가도 돼. 🔊	

부정문

☞ 오른쪽 힌트를 이용해서, 직접 문장을 만들어보세요!

51	그거 안될 거야. 🔊	
52	그거 안 아플 거야. 🔊	
53	그거 금방 끝나지 않을 거야. 🔊	[끝나다 finish/end]
54	오래 걸리지 않을 거야. 🔊	
55	우리 늦지 않을 거야. 🔊	
56	그거 쉽지 않을 거야. 힘내. 🔊	[힘내 Cheer up!]
57	비싸지 않을 거야. 🔊	
58	멀지 않을 거야. 🔊	
59	나쁘지 않을 거야. 🔊	
60	어렵지 않을 거야. 🔊	

의문문

☞ 오른쪽 힌트를 이용해서, 직접 문장을 만들어보세요!

61	지금 갈 거야?	
62	몇 시에 도착할거야?	
63	뭐라고 말할 거야?	
64	어디에 있을 거야?	
65	이제 뭐 할거야?	
66	몇 시에 전화할거야?	
67	너 이거 쓸 거야?	
68	너도 갈 거야?	
69	그 애한테 어떻게 말할 거야?	
70	어느 거 살 거야?	

의문문

☞ 오른쪽 힌트를 이용해서, 직접 문장을 만들어보세요!

71	너 그거 언제 할거야? 🎙	
72	이걸로 뭐 할거야? 🎙	[~로, ~를 가지고 with]
73	뭐 주문할거야? 🎙	
74	언제 올 거야? 🎙	
75	이거 어떻게 할거야? 🎙	
76	이거 어떻게 해결할거야? 🎙	[해결하다 fix/solve]
77	결혼할거야? 🎙	[결혼하다 get married]
78	그 애랑 헤어질 거야? 🎙	[헤어지다 break up]
79	거기에 걸어갈 거야? 🎙	
80	내일 일할 거야? 🎙	

의문문

☞ 오른쪽 힌트를 이용해서, 직접 문장을 만들어보세요!

81	이번 여름에 어디 갈 거야? 🔊	
82	전화 받을 거야? 🔊	
83	언제 결정하고 알려줄 거야? 🔊	
84	거기 어떻게 갈 거야? 🔊	
85	비가 올까? 🔊	
86	크리스마스에 눈이 올까? 🔊	
87	오래 걸릴까? 🔊	
88	얼마나 오래 걸릴까? 🔊	
89	될까? 🔊	
90	아플까? 🔊	

의문문

☞ 오른쪽 힌트를 이용해서, 직접 문장을 만들어보세요!

91	이게 (사이즈가) 맞을까? 🔊	
92	이게 나한테 잘 어울릴까? 🔊	[잘 어울리다 look good on + 사람/suit]
93	쉬울까? 🔊	
94	괜찮을까? 🔊	
95	이게 문제일까? 🔊	
96	재미있을까? 🔊	
97	힘들까? 🔊	
98	무거울까? 🔊	[무거운 heavy]
99	그게 가능할까? 🔊	
100	너 괜찮겠어? 🔊	

Positive (긍정)		Negative (부정)		Question (의문)	
I want to	~할래, 하고 싶어	I don't want to	~안 할래	Do you want to?	~할래?
I have to	~해야 돼 (의무)	I don't have to	~안 해도 돼	Do I have to?	~해야 돼?
I can	~할수있어	I can't	~못 해, 할 수 없어	Can you?	~할 수 있어? ~해줄래? (부탁)
You can	~해도 돼 (허락)	You can't	~하면 안 돼	Can I?	~해도 돼?
I will	~할게	I won't	~안 할게	Shall I?	~할까? (제안)
I should	~하는 게 좋겠다	I shouldn't	~안 하는 게 좋겠다	Should I?	~하는 게 좋을까?
I think I should	~하는 게 좋을 것 같아	I don't think I should	~안 하는 게 좋을 것 같아	Do you think I should?	~하는 게 좋을 것 같아?
I'd like to	~하고 싶어요	I wouldn't like to	~하고 싶지 않아요	Would you like to?	~하실래요?
I'm going to	~할 거야	I'm not going to	~안 할 거야	Are you going to?	~할거야?

정답확인 : P 270

01	아무 때나 바꿔도 돼.	13	그거 바꾸지 않아도 돼.
02	이거 바꾸고 싶어.	14	나 그거 다시는 안 바꿀 거야.
03	저 이거 바꾸고 싶어요.	15	이거 지금 바꿔도 되나요?
04	내가 그거 바꿀게.	16	너 그거 왜 바꿀 건데?
05	그거 지금 바꿀 수 있어.	17	이거 나랑 바꿀래?
06	나 오늘 그거 바꿀 거야.	18	이거 바꿔야 돼?
07	나 이거 지금 바꾸는 게 좋을 것 같아.	19	이거 바꿔줄래요?
08	이거 최대한 빨리 바꿔야 돼. [최대한 빨리 a.s.a.p/as soon as possible]	20	왜 그거 바꾸고 싶어?
09	아무것도 바꾸고 싶지 않아요.	21	이거 바꾸는 게 좋을 것 같아?
10	지금 안 바꾸는 게 좋겠다.	22	나랑 이거 바꾸실래요?
11	이제 못 바꿔.	23	내가 바꿀까?
12	그거 다시 바꾸지 않을게.		

A: We are going to hold a workshop.
  I'd like to see your function/conference rooms.

B: Sure. (Of course) I will call the manager. Can you wait there
  for a minute/second?
  He is going to come/be down soon. He is going to show you
  (the rooms/around).

A: Ok. Thanks.

A: I am going to go to Sunny Island tomorrow, how can I go
  /get there?

B: You can take a ferry, or you can drive there.
  Are you going to rent a car?

A: No. I am not going to rent a car.

B: I think you should take a ferry.

A: Where do I have to take a ferry?

B: You can take a ferry at Sunny Harbor.

A: What can I do there?

B: You can do many things there. It is very beautiful there. Are you going to go alone?

A: Yes, I am going to go alone.

B: Then I think you should take a tour. You are going to like it.

A: Do I have to book a tour in advance?

B: You don't have to book a tour in advance.

A: Thank you (so much).

A: I want to take/do this sunset tour. How much is it per person?

B: It is 45 per person.

워크샵

A: 우리 워크샵을 개최할 거예요. [개최하다, 열다 hold]
너희의 대회의장/컨퍼런스룸을 보고 싶어요.

B: 물론이죠. 매니저한테 전화를 할게요. 저기서 잠시만 기다려
주실래요?
그가 금방 내려올 거예요. 그가 보여줄 거예요.

A: 감사합니다.

투어

A: 내일 Sunny Island에 갈 건데, 거기에 어떻게 갈수 있지요?

B: 배 타고 갈수 있고, 운전해서도 갈 수 있어요. [배타다 take a ferry]
차를 렌트 할 건가요?

A: 아니요. 차 렌트 안 할 거예요.

B: 배 타고 가는 게 좋을 것 같아요.

A: 어디서 배를 타야 하나요?

B: Sunny Harbor에서 탈수 있어요.

A: 거기에서 제가 뭘 할 수 있나요?

B: 많은 것을 할 수 있어요. [많은 것들 many things] 거기 너무 아름다워요. 혼자 갈건가요?

A: 네, 혼자 갈 거예요.

B: 그럼 투어를 하는 게 좋을 것 같아요. [투어 하다 take a tour] 좋아하실 거예요.

A: 투어를 미리 예약해야 되나요? [투어를 예약하다 book a tour, 미리 in advance]

B: 미리 투어를 예약하지 않아도 돼요.

A: 고마워요.

A: 이 sunset tour를 하고 싶어요. 한 사람당 얼마예요? [한 사람당 per person]

B: 한 사람당 45불이에요.

정/답/체/크

Unit 1 **want to**

1.   I want to know.
2.   I want to wait here.
3.   I want to meet you tomorrow.
4.   I want to read a book.
5.   I want to watch TV.
6.   I want to go home.
7.   I want to go to the bathroom/toilet/restroom.
8.   I want to do this/it.
9.   I want to do (my) homework.
10.   I want to call/ring/phone (my) mom/mother.
11.   I want to study English.
12.   I want to learn English.
13.   I want to eat something.
14.   I want to drink (some) coke/cola/pepsi.
15.   I want to ask my brother/sister.
16.   I want to bring my book.
17.   I want to take it/this.
18.   I want to buy it/this.
19.   I want to wear it/this.
20.   I want to try it/this.
21.   I want to use it/this.
22.   I want to write it/that.
23.   I want to have it/this.
24.   I want to keep it/this.
25.   I want to borrow your pen.
26.   I want to help you.
27.   I want to find it/that.
28.   I want to think about it/that.
29.   I want to say thank you/thanks.
30.   I want to say sorry/I'm sorry.
31.   I want to work here.
32.   I want to text my friend.
33.   I want to play a game on my phone.
34.   I want to take a selfie.
35.   I want to take a picture/photo.

36. I want to go here and there.
37. I want to go everywhere.
38. I want to travel. And I want to see the world./ I want to travel and see the world.
39. I want to have a good time.
40. I want to have a big dream./ I want to have big dreams.
41. I don't want to sit here.
42. I don't want to say anything.
43. I don't want to go out this weekend.
44. I don't want to go out now.
45. I don't want to put it/this here.
46. I don't want to do it/this.
47. I don't want to do anything.
48. I don't want to throw it/this away. I want to keep it.
49. I don't want to eat anything.
50. I don't want to decide now.
51. I don't want to speak to/talk to him/her.
52. I don't want to stay here.
53. I don't want to complain.
54. I don't want to remember it/that.
55. I don't want to listen to it/this.
56. I don't want to see(=look at) it/that.
57. I don't want to know.
58. I don't want to think about it/that.
59. I don't want to give it/this to him. /I don't want to give him this.
60. I don't want to get up early tomorrow.
61. Do you want to come here?
62. What time do you want to come? When do you want to come?
63. Do you want to go now? When do you want to go?
64. Where do you want to go?
65. What do you want to do?
66. Do you want to eat it/this?
67. What do you want to eat/have?
68. What do you want to drink/have?
69. Do you want to drink (some) milk?
70. Which one do you want to buy?
71. Do you want to buy this or that?
72. Do you want to try it/this?

73. Do you want to come, too?

74. Do you want to go out now? When do you want to go out?

75. Do you want to call me back? (*call-back: 회신, 답장의 의미 vs. call-again: 전화하는 행위를 다시 하는 것)

76. Do you want to call me back in ten minutes?

77. Do you want to eat/have dinner with me tomorrow?

78. Where do you want to meet? What time do you want to meet?

79. What do you want to see/watch? Do you want to see/watch it/this?

80. Do you want to borrow my umbrella?

81. Do you want to think about it/that?

82. Do you want to have this book?

83. What do you want to have?

84. Do you want to wait for a minute/second/moment?

85. Do you want to go/come with me?

86. What do you want to say?

87. Which one do you want to use?

88. Where do you want to sit?

89. Do you want to try it/this on?

90. Do you want to try it/this?

91. Do you want to take a selfie with me?

92. Do you want to text me later?

93. Where do you want to travel?

94. Where do you want to work?

95. Do you want to take a picture/photo?

96. Which one do you want to download?

97. Which movie do you want to see/watch?

98. Where do you want to go this summer?

99. How long do you want to stay there?

100. How do you want to do it/this?

Unit 2 have to

1. You have to see it/that.

2. You have to read that/the book.

3. I have to do it/this.

4. I have to go home now.

5. You have to come here by 4 (o'clock).
6. I have to pick my friend up/pick up my friend now.
7. We have to get up early tomorrow.
8. I have to go out/leave now.
9. I have to go to bed early today.
10. I have to think about it.
11. I have to tell you something/say something to you.
12. You have to find it/that.
13. I have to wear glasses.
14. We have to ask Jim first.
15. I have to talk to/speak to my friend first.
16. I have to borrow some books/ I have to borrow a book.
17. I have to lend it/this to Tim. (=lend Tim this)
18. I have to buy a new one.
19. You have to understand.
20. You have to forgive Sam.
21. You have to wear comfortable shoes.
22. I have to clean the room.
23. I have to visit (=go and see) him/her tomorrow.
24. We have to hurry (up).
25. We have to go somewhere now.
26. I have to go to the bank now.
27. I have to keep it/this.
28. You have to apologize.
29. You have to show (it to) me.
30. We have to pay. It isn't free.
31. You have to promise me.
32. We have to stop it/this.
33. I have to book it in advance./ I have to make a reservation/make an appointment in advance. (*book/make a reservation: 예약, 예매 vs. make an appointment: 시간 약속을 잡다)
34. I have to plan it in advance.
35. Hang on. /Hold on. I have to text my friend now.
36. I have to study English now.
37. I have to finish it by tomorrow.
38. I have to take a picture/photo (of it) and send it.
39. We have to decide as soon as possible/a.s.a.p.
40. You have to let me know by tomorrow.

41. I don't have to go there.
42. You don't have to do it/this right now.
43. I don't have to ask Jill.
44. I don't have to borrow anything.
45. I don't have to buy anything.
46. You don't have to say anything. I know.
47. You don't have to find it/that now.
48. You don't have to ask.
49. I don't have to call Peter now.
50. I don't have to wear glasses.
51. I don't have to use it.
52. I don't have to do anything now.
53. I don't have to get up early tomorrow.
54. You don't have to pay (for) it/this. It's free.
55. You don't have to do it/that.
56. We don't have to go out/leave now.
57. You don't have to bring anything.
58. You don't have to decide now.
59. We don't have to take anything.
60. I don't have to work tomorrow.
61. Do I have to pay (for) it/this?
62. Where do I have to pay it/this?
63. How much do I have to pay?
64. What time do I have to go there?
65. Do you have to work tomorrow?
66. Why do you have to get up early?
67. What time do I have to get up tomorrow?
68. What time do we have to go out/leave?
69. Do I have to do it/this?
70. Why do I have to do it/this?
71. When do I have to come back /return?
72. When do I have to pick it/this up?
73. What time do I have to drop it/this off?
74. When do I have to pick him/her up?
75. Which one do I have to use? This (one) or that (one)? [=Do I have to use this (one) or that (one)? = Is it this (one) or that (one)?]
76. Do I have to know?

77. What do I have to write here?
78. What do I have to do now?
79. Where do I have to go now?
80. Which way do I have to go?
81. Do I have to wait here?
82. How long do I have to wait?
83. Where do I have to put/leave it/this?
84. Which one do I have to buy?
85. What do I have to bring?
86. When do I have to call you back?
87. Why do you have to know?
88. Do you have to go somewhere now?
89. Do you have to work on/at weekends?
90. When do I have to let you know?
91. Do I have to decide right now?
92. Do I have to book it in advance?/ Do I have to make a reservation/make an appointment in advance?
93. When do I have to finish it?
94. Which app do I have to install/download?
95. Why do I have to do it/that?
96. Do you have to do it/that?
97. I want to improve my English. What do I have to practice?
98. I want to go to Big Land. Which train do I have to take?
99. What time do I have to come?
100. Where do I have to sign?

Review
1. I want to go now.
2. We have to go now.
3. I want to go home.
4. I don't want to go now.
5. I don't have to go now.
6. I don't want to go now.
7. Do you want to go?
8. Where do you want to go?
9. Do I have to go now?
10. Where do I have to go?

Unit 3 **can**

1. I can understand.
2. I can come at 2 (o'clock)
3. I can meet you next weekend.
4. I can pick you up later.
5. I can call you tomorrow.
6. I can call you back in (about) half an hour/30 minutes.
7. I can pick it up tomorrow afternoon.
8. I can drop it off later this afternoon.
9. I can come back tomorrow.
10. I can come back in an hour.
11. I can lend it/that to you (lend you that).
12. Yes, I can do it/that.
13. I can let you know later.
14. I can text you later.
15. I/You can order it on line.
16. I/You can buy it on line.
17. I can deliver it tomorrow afternoon.
18. I can go now.
19. I can fix it. I don't have to buy a new one.
20. I can finish it/that by tomorrow.
21. I can speak English.
22. I can drive.
23. I can jog.
24. I can play the piano.
25. I can exercise/work out this evening.
26. If you want, I can give it/that to you (give you that).
27. If you want, I can change it/that.
28. If you want, I can help (you).
29. If you want, I can send it.
30. It is okay, I can wait.
31. I can start/begin it right now.
32. I can recommend a good restaurant.
33. Do you want to eat something? I can cook/make something now.
34. I can remind you later.
35. I can install it next week.

36. I can talk now. (*talk: 통화 가능-전화 받은 후 사용 vs. call: 전화 가능-통화 전 사용)
37. I can win.
38. I can do it well.
39. I can explain (it).
40. I can get the results next week.
41. I can't buy it.
42. No, thank you. I can't eat it/this.
43. I can't go/come today. I have to go somewhere later.
44. I can't meet (you) then.
45. I can't remember (it).
46. Sorry, I can't help (you).
47. I can't find it/that.
48. I can't decide (it).
49. I can't swim.
50. I can't speak Chinese.
51. I can't go out/leave yet.
52. I can't do it/this right now.
53. I can't choose.
54. I can't do it alone.
55. I can't wait anymore.
56. I can't walk anymore.
57. I can't talk now. Do you want to call (me back) later?
58. I can't work now.
59. I can't focus/concentrate.
60. (I'm) Sorry. I can't reschedule. I have to do it today.
61. Can you talk now?
62. Can you eat it/this?
63. Can you stay for dinner?
64. Can you meet this weekend?
65. Can you eat/have lunch with me?
66. Can you call me back tonight?
67. Can you speak Korean?
68. Can you show (it to) me?
69. Can you lend it/that to me (lend me that)?
70. Can you bring the receipt?
71. When can you come?
72. What time can you meet?

73. When can you deliver it/this?
74. When can you install it/this?
75. When can you let me know?
76. How long can you/I park here?
77. How long can you stay?
78. How can I help (you)?
79. Where can you/I buy it?
80. Where can you/I get something like this?
81. Can you turn it/that on?
82. Can you turn it/that off?
83. Can you turn it up?
84. Can you turn it down?
85. Can you write it/that here?
86. Can you show me something else?
87. Can you hold it for a minute/second/moment?
88. Can you wait here for a minute/second?
89. Can you say it/that again? / Can you repeat it/that?
90. Can you speak slowly?
91. Can you recommend?
92. Can you remind me later?
93. Can you come 5 minutes early?
94. Can you take a picture/photo of us?
95. Can you carry it/this?
96. Can you change seats?
97. Can you fix it?
98. Can you make it by 5 (o'clock)?
99. Can you stay here with me?
100. Can you hurry (up)?

Review

1. I have to come back here later.
2. I want to come back here.
3. I can come back later.
4. I don't want to come back here.
5. I can't come back tomorrow.
6. You don't have to come back later.
7. When do I have to come back?

8.   When do you want to come back?
9.   When can you come back?
10.   Can you come back later?

Unit 4 **can**

1.   You can sit here.
2.   You can use it/this.
3.   You can borrow mine.
4.   You can have it/this.
5.   You can keep it/this.
6.   You can take it/this.
7.   You can come tomorrow afternoon.
8.   You can try it/this.
9.   You can do it/that. No problem.
10.   You can choose/pick.
11.   You can come any time.
12.   You can eat/have it/that.
13.   You can park here.
14.   You can try it/this on.
15.   You can ask (me) anything. (*anyhing: 아무거나, 뭐든지 vs. everything: 말 그대로 '모든' 것, 따라서 여기서는 문맥상 '뭐든지'의 'anything'를 사용함)
16.   You can come back at 2 (o'clock).
17.   You can wait here.
18.   You can change it/that.
19.   You can throw it/that away.
20.   You can reschedule.
21.   You can delete it/that.
22.   You can do it/that on line.
23.   You can stay long.
24.   You can start/begin now. It's ok.
25.   You can use this coupon.
26.   You can send it next week.
27.   You can cook it at home.
28.   You can put/leave it here.
29.   You can decide later.

30. You can take your time (do it slowly).
31. You can delay/postpone it.
32. You can keep it here for a minute/moment.
33. You can walk there.
34. You can buy anything.
35. You can use your phone.
36. You can answer the phone. / You can take it/the call.
37. You can return it later. / You can give it back later.
38. You can think about it and let me know later.
39. We can do it together. You don't have to do it alone.
40. You can go without me. I don't mind.
41. You can't sit there.
42. You can't eat it/this.
43. You can't do it/that.
44. You can't throw it/this away.
45. You can't stop here.
46. You can't use it/this.
47. You can't tell anyone/anybody.
48. You can't say anything.
49. You can't touch it/this.
50. You can't see it yet.
51. You can't lie.
52. You can't forget (about) it/this.
53. You can't lose it/this.
54. You can't believe/trust him/her.
55. You can't run here.
56. You can't use your phone here.
57. You can't take a picture/photo here.
58. You can't come late.
59. You can't break it/this.
60. You can't make a mistake.
61. Can I borrow it/this?
62. Can I sit here?
63. Can I see it?
64. Can I stay here?
65. Can I wait here?
66. Where can I wait?

67. Can I buy it/this?
68. Can I park here?
69. Where can I park?
70. Can I go out/leave now?
71. Can I pat your dog?
72. Can I take it/this?
73. Can I ask (you) something?
74. Can I write it/that (down)?
75. Can I think about it?
76. Can I go first?
77. Can I do it on line?
78. Can I use your bathroom/toilet/restroom?
79. Can I do it/this?
80. What can I do?
81. Can I order now?
82. Can I post/upload this photo/picture?
83. Can I delay/postpone it?
84. Can I choose/pick this time?
85. Can I bring someone/somebody?
86. Can I cancel it now?
87. Can I make a reservation/make an appointment/book now?
88. Can I decide later? I don't want to think about anything now.
89. Can I let you know later? I can't decide now.
90. Can I call you (back) later? (Because) I have to finish something now.
91. Can I have orange juice/OJ, please?
92. Can I have your name, please?
93. Can I have (some/a glass of/a bottle of) water, please?
94. Can I have coke, please?
95. Can I have it/this, please?
96. Can I have number 3, please?
97. Can I have iced tea, please?
98. Can I have that, please?
99. Can I have these, please?
100. Can I have a glass of water, please?

Review

*주어는 문맥에 따라 달라지지만, 모범 답안에서는 편의상 전 페이지의 주어와 통일했습니다.

1. I want to get a refund.
2. I can get a refund.
3. You can get a refund.
4. I have to get a refund.
5. I don't want to get a refund.
6. I can't get a refund.
7. You can't get a refund.
8. I don't have to get a refund.
9. Do I have to get a refund?
10. Can I get a refund?
11. Do you want to get a refund?

Unit 5 will & shall

1. I will call (you) later.
2. I will call you back tomorrow.
3. I will come by 3 (o'clock).
4. I will do it.
5. I will try (it).
6. I will help (you).
7. I will buy/take it/this.
8. I will show you.
9. I will carry it for you.
10. I will apologize.
11. Do you want to drink/have (some) coffee or green tea?
12. I will drink/have coffee.
13. I will come back soon.
14. I will go and close the door. (*동사를 연결 할 때는 연결고리 'and'를 사용하는 것이 일반적이나, 'go' 뒤에는 'and'를 생략하기도 합니다.)
15. I will open it/that.
16. I will think about it.
17. I will lend it/this to you (lend you this).
18. I will wait here.
19. I will make (some) coffee.

20. I will use it/this.
21. I will get it.
22. I will get Sam.
23. I will get Sam.
24. I will do it/this now.
25. I will take/have a shower now.
26. I will put/leave it/this here.
27. I will throw it away.
28. I will look after it.
29. I will look for it.
30. I will let you know tomorrow.
31. I will pay (it).
32. I will order it on line.
33. I will call and ask.
34. I will ask him.
35. I will return it tomorrow. / I will give it back (to you) tomorrow.
36. I will clean it later.
37. I will come early. You can relax. You don't have to worry.
38. I will practice every day. I want to do that.
39. I will stop by later. (Because) I have to go somewhere now.
40. I will pray for you.
41. I won't go.
42. I won't do it.
43. I won't say anything.
44. I won't tell anyone/anybody.
45. I won't eat anything.
46. I won't go anywhere. Don't worry.
47. I won't change it.
48. I won't change my mind.
49. I won't forget (it).
50. I won't lie.
51. Ok. I won't laugh.
52. I won't lock the door.
53. I won't turn it off.
54. I won't turn the computer on/turn on the computer.
55. I won't give it/this to anyone/anybody (give anyone/anybody this).
56. I won't throw it away.

57. I won't stay long/for a long time.
58. I won't give up.
59. It won't happen again.
60. It won't take long.
61. Shall we go now?
62. Shall I open the door?
63. Shall I close the window?
64. Shall I leave it/this closed?
65. Shall I leave it/this open?
66. Shall I buy it?
67. Shall I drive?
68. Shall I wait here?
69. Shall I just keep it?
70. Shall I tell Sam?
71. What shall I tell Sam?
72. Shall I turn TV off/turn off TV?
73. Shall I turn the radio on/turn on the radio?
74. Shall I turn the light on/turn on the light?
75. When shall we meet?
76. Shall we go for a walk?
77. Shall we go for a drive?
78. Shall we eat out tonight? /Shall we go out for dinner tonight?
79. What time shall I call (you)?
80. Where shall we go?
81. What shall I do?
82. Where shall I put/leave it?
83. What time shall we meet?
84. Who shall we invite?
85. What shall I buy?
86. Shall I book/make an appointment/make a reservation?
87. Shall we visit/go and see Sam?
88. What shall I wear?
89. Shall I leave/save it?
90. Shall I try it/this/these on?
91. What shall we talk about?
92. What shall I cook?
93. What shall we give him/her?

94. Shall I leave it/this on?
95. Shall I leave it/this off?
96. Shall I hold it?
97. Shall we travel together?
98. What shall I say? I have to think about it.
99. Shall I delay/postpone it?
100. Shall we redo it? / shall we do it again?

Review

1. We have to buy it.
2. I will buy it.
3. I want to buy it.
4. We can buy it.
5. I can buy it.
6. I don't want to buy it.
7. You don't have to buy it.
8. We can't buy it.
9. I won't buy it.
10. Shall we buy it? Which one shall we buy?
11. What do you want to buy?
12. What do I have to buy?
13. Can I buy it?
14. Can you buy it for me?
15. Can you buy it?

Unit 6 **to be**

1. He/She is my friend.
2. We are busy now. Can I call you back later?
3. My mom is on the phone now.
4. I am on the way.
5. You are a good person.
6. He/She is from America/the States.
7. He/She is sick, so (=and) he is in the hospital.
8. We are late.
9. You are right.

10. He is important to me. (*~to me: 대상 자체가 나에게 소중함 vs. ~for me: 대상이 나에게 이득을 주기 때문에 소중함 ex. English is important for me because a need a good score.)
11. He is at work.
12. I am at home.
13. We are hungry and thirsty.
14. He is very funny.
15. I am worried about you.
16. I am a bit/a little/ a little bit nervous.
17. I am well. What/how about you?
18. We are very close. He is my old friend.
19. You are still young. You can do anything.
20. He/She is angry with/mad at me.
21. It is boring.
22. It is very/so/really/too hard/difficult.
23. It is ok.
24. It is far from here.
25. It is very/so/too expensive.
26. It is cheap.
27. It is here.
28. It is new / a new one.
29. It is in my bag.
30. It is windy outside.
31. It is very small.
32. It is wet.
33. It is very/so/really/too easy.
34. It is the same.
35. It is impossible.
36. It is good/nice/cool/fine.
37. It is different every day.
38. It is complicated. I can't explain it.
39. It is possible. Everything is possible.
40. It is amazing/incredible.
41. I am not at home.
42. You are not late.
43. He/She is not a bad person.
44. He/She is not here.
45. We are not married, yet.

46. I am not well.
47. I am not interested in(=into) it/that.
48. He/She is not afraid/scared of anything.
49. We are not different.
50. He/She is not in the office now.
51. It is not far.
52. It is not right.
53. It is not cheap.
54. It is not late.
55. It is not big.
56. They/those are not similar.
57. It is not easy.
58. It is not black.
59. It is not cold.
60. It is not the time, yet.
61. Am I late?
62. Are we early?
63. Is he handsome(=good looking)?
64. Is she pretty/beautiful?
65. Are you married or single?
66. Are you warm?
67. Is Tom here?
68. Where are you? Are you at home?
69. How old is he/she?
70. Who is he/she?
71. What are you worried about?
72. Are you nervous?
73. Why are you mad at/angry with me?
74. Are you hungry? Do you want to eat/have something?
75. Are you busy these days?
76. Are you upset?
77. Why are you so happy? I want to hear (about) your story.
78. Are you sleepy?
79. Are you tired?
80. Are you bored? Do you want to go out?
81. Is it cold outside?
82. Is it far?

83. Is it the same?
84. Is it ok?
85. Is it easy?
86. Is it possible?
87. Is it mine?
88. Is it expensive?
89. Is it sad?
90. Is it dangerous?
91. What is it?
92. What color is it?
93. Where is it?
94. Which way is it?
95. Which car is it?
96. When is it?
97. How far is it?
98. How deep is it?
99. What day is it?
100. What date is it?

Review

1. I am hungry. I want to eat it.
2. You have to eat something.
3. We can eat it.
4. I will eat later.
5. I can eat it.
6. You can eat it. It is delicious/yummy/yum.
7. I don't want to eat it.
8. We can't eat it.
9. You don't have to eat it.
10. I won't eat anything.
11. I can't eat it.
12. What do you want to eat? Where do you want to eat?
13. What shall we eat?
14. Why do I have to eat it?
15. Can I eat it here?
16. Where can I eat it?
17. Can you eat it?

Unit 7 **to**

1. It is very/so nice to meet you.
2. It is very nice/good to see you.
3. It is hard/difficult to say.
4. It is hard/difficult to understand him/her.
5. It is good/nice to know.
6. It is good/nice to talk/speak to you.
7. It is hard/difficult to explain.
8. It is impossible to do (that).
9. It is nice/good to come here.
10. It is better to buy now.
11. It is easy to understand.
12. It is nice/good to say (that).
13. It is easy to say.
14. It is hard/difficult to do.
15. It is impossible to save money.
16. It is dangerous to go out alone at night.
17. It is hard/difficult to get up early in the morning.
18. It is hard/difficult to find.
19. It is easy to make.
20. It is silly to do (that).
21. It is very/too late to do (that).
22. It is cheap to buy (that)
23. It is easy to use.
24. It is good/nice to have a fiend like you.
25. It is hard/difficult to focus/concentrate.
26. It is hard/difficult to ask.
27. It is hard/difficult to learn a new language.
28. It is impossible to go there.
29. It is easy to find.
30. It is simple to install.
31. It is very simple to upgrade. You can just click 'yes' / You have to just click 'yes'.
32. It is easy to join. You can do it on line.
33. It is dangerous to travel alone.
34. It is easy to remember.
35. It is fun to learn. You don't have to worry.

36. It is fun to meet new people.
37. It is bad to think like that.
38. It is far to walk.
39. It is nice/good to be/stay here.
40. It is nice/good to be/stay with you.
41. It is not expensive to fix/repair (that).
42. It is not easy to find the right one/thing.
43. It is not far to walk.
44. It is not safe to swim (in) here.
45. It is not safe to drive like this.
46. It is not hard/difficult to do (that).
47. It is not hard/difficult to use.
48. It is not easy to make.
49. It is not hard/difficult to replace/change.
50. It is not nice/good to say (that/like that).
51. It is not bad to try.
52. It is not cheap to install.
53. It is not hard/difficult to upgrade.
54. It is not impossible to do (that). Everything is possible.
55. It is not hard/difficult to understand.
56. It is not ok to do (that). You can't do it.
57. It is not possible to arrive on time.
58. It is not late to do (that).
59. It is not hard/difficult to install.
60. It is not easy to decide.
61. Is it possible to do (that)?
62. Is it possible to fix (this)? Can you fix it?
63. Is it easy to find?
64. Is it possible to make?
65. Is it hard/difficult to make (that)?
66. Is it expensive to buy (that)?
67. Is it cheap to fix/repair?
68. Is it easy to use (this)?
69. Is it ok to do (that)?
70. Is it possible to order now?
71. Is it safe to do (that)?
72. Is it safe to swim here?

73. Is it possible to upgrade later?
74. Is it possible to deliver tonight? How much is the delivery fee?
75. Is it easy to install?
76. Is it expensive to install? How much is the installation fee?
77. Is it expensive to do (that)? How much is it?
78. Is it possible to do today?
79. Is it ok to use (this)?
80. Is it possible to change now?
81. Is it late to reschedule?
82. Is it late to do (that)?
83. Is it ok to go now?
84. Is it possible to visit there?
85. Is it easy to learn?
86. Is it far to walk?
87. Is it better to buy now?
88. Is it better to wait?
89. Is it ok to put it/this here?
90. Is it possible to pick it/that up this evening?
91. Is it late to order now?
92. Is it late to change my order now?
93. Is it easy to join?
94. Is it easy to follow?
95. Is it better to take a train?
96. Is it possible to cancel now?
97. Is it simple to cook at home?
98. Is it possible to restore (this)?
99. Is it impossible to remake?
100. Is it possible to win? I really want to win.

Review
1. I have to arrive early.
2. I want to arrive in time.
3. I can arrive on time.
4. You can arrive late.
5. I will arrive early.
6. I don't want to arrive late.
7. I don't have to arrive early.

8. I can't arrive on time.

9. You can't arrive late.

10. I won't arrive late.

11. What time do I have to arrive?

12. What time can you arrive?

13. What time do you want to arrive?

14. When shall I arrive?

15. Can I arrive tonight?

Unit 8 should

1. I am tired. I should go to bed early today.

2. I should get up early tomorrow.

3. It/This is a very good book. You should read it.

4. It/This is a very good movie. You should go and see / watch it.

5. It is late. I should go now. (*It is late. 시간이 늦음 vs. I am late. 내가 늦음, 지각)

6. It is messy. I should clean the house.

7. It is not (very) expensive. You should buy it/this.

8. We should wait for Pam.

9. I can't find my umbrella. I should buy a new one.

10. I should ask Sally first.

11. I should talk to/speak to July first.

12. I should keep it/this for later.

13. It is yum/yummy/delicious. You should try it/some.

14. It is dangerous. I should be careful.

15. You should wear a seatbelt.

16. It is far to walk. I should take a taxi.

17. I should answer the phone. (I should take this call /it.)

18. It is very pretty/beautiful here. We should take a picture.

19. You should say sorry first.

20. We should apologize first.

21. You shouldn't say that/like that.

22. You shouldn't lie.

23. I shouldn't eat too much.

24. You shouldn't do that/it.

25. You shouldn't be late.

26. You shouldn't lose it.
27. It is very expensive. You shouldn't buy it.
28. You shouldn't put/leave it here.
29. We shouldn't park here.
30. We shouldn't say anything. It is better.
31. Should I do it/this?
32. What should I do?
33. Should I buy this cap/hat?
34. What should I buy?
35. Should I leave/go out now?
36. When should we leave/go out?
37. Should I ask Carrie?
38. Should we invite Tim?
39. Should I keep it/this?
40. Which one should we keep?
41. Where should I keep it/this?
42. Should I throw them/these away?
43. Should I tell Sandra?
44. What should I tell Sandra?
45. What time should I call (you)?
46. What should I do now?
47. Which way should we go?
48. Where should we go?
49. Where should I put/leave it?
50. What should I say?
51. I think you should do it/this.
52. I think we should save it/this.
53. Your eyes are red (Your eye is red). I think you should go to bed now.
54. It is cheap. I think you should buy it.
55. I think you should know.
56. I think I should go now.
57. I think you should read this book.
58. I think you should arrive early.
59. I think you should eat something.
60. I think you should listen carefully.
61. I think we should trust/believe him.
62. I think we should book/make a reservation in advance. Otherwise, we have to wait

long.

63. I think we should rent a car there.
64. I think I should practice more.
65. It is very quiet here. I think I should play (some) music.
66. I think I should avoid coffee for a few days.
67. I think you should talk to/speak to him/her in person.
68. I think you should forgive him/her. It is not for him/her. It is for you.
69. I think we should get ready now.
70. I think we should hurry. I will call a taxi/cab.
71. I don't think we should stay/be here.
72. I don't think you should decide now. You should think about it.
73. I don't think you should do it/this.
74. It is late. I don't think you should call now.
75. I don't think you should throw it away.
76. I don't think you should put/leave it here.
77. I don't think you should buy a new one. You should fix/repair it/this.
78. I don't think we should worry (about it).
79. I don't think you should see/watch it.
80. I don't think we should go tomorrow.
81. Do you think I should buy it/this?
82. Which one do you think I should buy?
83. What do you think I should do?
84. Do you think I should just wait?
85. Do you think I should fix/repair it/this now?
86. Do you think we should apply now?
87. What do you think I should say?
88. Where do you think we should go?
89. Which one do you think I should use?
90. When do you think we should meet?
91. Which way do you think I should go?
92. What do you think I should study?
93. What do you think I should bring?
94. How do you think we should help him/her?
95. What do you think I should order? What can you recommend?
96. How many do you think I should buy/get?
97. Where do you think we should travel this time?
98. How do you think I should fix/solve it?

99. Do you think I should ignore it?
100. Which book do you think I should read first?

Review

1. We have to order it now.
2. I can order it.
3. I want to order it.
4. We should order it.
5. I think you should order it.
6. You can order it.
7. I can't order it. It is hard/difficult.
8. We shouldn't order it now.
9. I don't think we should order it.
10. I don't want to order it. It is not good/nice.
11. We don't have to order anything.
12. You can't order it. It is not ready yet.
13. Do you want to order now? What do you want to order?
14. Can I order it?
15. Which one do we have to order?
16. Should we order now?
17. What do you think we should order?
18. What shall we order?
19. Can you order it for me?

Unit 9 **would like to**

1. I'd like to go home now.
2. I'd like to have it/this.
3. I'd like to buy it/this.
4. I'd like to exercise/work out.
5. I'd like to get changed.
6. I'd like to go and bring/get it/that.
7. I'd like to take a taxi/cab.
8. I'd like to walk for a while/a bit.
9. I'd like to take a rest(=rest/have a rest/get some rest)/take a break.
10. I'd like to have/eat lunch with you tomorrow.

11. I'd like to meet you again. When can we meet again?
12. I'd like to watch/see a movie.
13. I'd like to take you there.
14. I'd like to come back later.
15. I'd like to use it/this. Is it ok?
16. I'd like to take it/this off.
17. I'd like to wear it / put it on.
18. I'd like to try them/these on.
19. I'd like to begin/start now.
20. I'd like to finish it today.
21. I'd like to sleep in.
22. I'd like to eat out.
23. I'd like to apologize.
24. I'd like to say thank you/thanks.
25. I'd like to say sorry/I'm sorry.
26. I'd like to get married next year.
27. I'd like to ask you something/ask something to you.
28. I'd like to give it/this to you (give you this). It is a gift/a present.
29. I am sleepy. I would like to take a nap.
30. I'd like to hang up now.
31. I'd like to be alone.
32. I'd like to be happy.
33. I'd like to be successful.
34. I'd like to be healthy.
35. I'd like to be slim/slender.
36. I'd like to be strong.
37. I'd like to be rich.
38. I'd like to be famous.
39. I'd like to be a doctor.
40. I'd like to be a winner.
41. I wouldn't like to eat anything now.
42. I wouldn't like to hurt you.
43. I wouldn't like to regret.
44. I wouldn't like to lie.
45. I wouldn't like to go anywhere now.
46. I wouldn't like to know.
47. I wouldn't like to think about it/that.

48. I wouldn't like to lose it/this.
49. I wouldn't like to remember it/that anymore.
50. I wouldn't like to make a mistake.
51. I wouldn't like to hurry/rush.
52. I wouldn't like to change anything. You are perfect.
53. I wouldn't like to promise anything.
54. I wouldn't like to decide now.
55. I wouldn't like to give up.
56. I wouldn't like to be late.
57. I wouldn't like to be alone.
58. I wouldn't like to be angry/get angry.
59. I wouldn't like to be depressed.
60. I wouldn't like to be lonely.
61. Would you like to go now?
62. When would you like to go?
63. Where would you like to go?
64. Would you like to go/come with me?
65. Would you like to do it/this?
66. What would you like to do?
67. Where would you like to meet? When would you like to meet?
68. What would you like to eat/have?
69. What would you like to drink/have?
70. Would you like to eat something?
71. Would you like to drink something?
72. What would you like to know?
73. Would you like to wait here for a minute/second? I will come/be back soon.
74. What would you like to order?
75. How would you like to do it/this?
76. What would you like to buy?
77. Where would you like to put/leave it/this?
78. Would you like to have it/this?
79. When would you like to let me know?
80. Would you like to think about it?
81. Would you like to eat/have/do brunch with me tomorrow?
82. What time would you like to come?
83. What would you like to do this weekend?
84. Would you like to use it?

85. Where would you like to sit?
86. Would you like to say something?
87. What would you like to see/watch?
88. What would you like to ask me?
89. When would you like to have/eat dinner with me?
90. Would you like to join us?
91. Would you like to take a break?
92. Where would you like to travel?
93. Would you like to have a good time?
94. Would you like to attend our/the seminar?
95. Would you like to come alone or bring someone?
96. Would you like to be healthy?
97. Would you like to be happy?
98. Would you like to be alone?
99. Would you like to be rich?
100. Would you like to be successful?

Review

1. I can fix it.
2. You can fix it.
3. I want to fix it.
4. We have to fix it.
5. I think we should fix it.
6. I'd like to fix it today.
7. I will fix it.
8. I shouldn't fix it. It is better to buy a new one.
9. I won't fix it.
10. I don't want to fix it.
11. You can't fix it.
12. We can't fix it.
13. I wouldn't like to fix it.
14. I don't have to fix it.
15. Shall I fix it?
16. When do you want to fix it?
17. Can you fix it?
18. Can I fix it?
19. Would you like to fix it?

20. Do I have to fix it?
21. Should I fix it?
22. How do you think I should fix it?
23. Can you fix it?

Unit 10 **be going to**

1. It is very small, so I am going to buy a big one.
2. We are going to meet later. We are going to meet at 8.
3. I am going to think about it first. And then I am going to decide later.
4. I am going to miss you.
5. I am going to come/be back soon.
6. I am not hungry. I am going to eat later.
7. We are going to go to Hong Kong next month. (*going to go to Hong Kong: 홍콩에 갈 계획이야 vs. going to Hong Kong: 홍콩 가)
8. You are going to need it/this. You can take it.
9. Try it/some. You are going to like it.
10. I am going to be/stay at home. You can call anytime.
11. We are going to have a party this weekend. Do you want to come?
12. I am going to forget it/this. I have to write it.
13. I am going to lose it/this. I think I should keep it in a safe place.
14. I am going to do it later. You can just leave it.
15. We are going to win.
16. You are going to lose.
17. He/She is going to understand. I am 100 percent sure.
18. He/She is going to misunderstand.
19. He/She is going to call soon.
20. You are going to hate it/this.
21. It is going to rain tonight.
22. It is going to snow on Christmas.
23. It is going to work. You don't have to worry. (*going to work: 될 거야, 작동할 거야 vs. going to do: 그 정도면 될 거야, 충분할 거야)
24. It is going to hurt. I am scared/afraid./It is scary.
25. It is going to take long.
26. It is going to fit.
27. It is going to begin/start soon.

28. It is going to end/finish soon.
29. It is going to look good on you. / It is going to suit you.
30. It is going to happen again.
31. I am going to be sad.
32. You are going to be ok. Everything is ok/fine.
33. Everything is going to be ok/fine.
34. We are going to be late. We have to hurry.
35. It is going to be fun.
36. It is going to be expensive.
37. It is going to be a problem.
38. It is going to be hard/difficult. But you are going to do well.
39. It is going to be about ten thousand won.
40. It is going to be cold.
41. I am not going to think about it anymore.
42. I am not going to forget you.
43. We are not going to go anywhere.
44. I am not going to buy anything.
45. I am not going to do anything. I just want to rest/take a rest/have a rest.
46. I am not going to talk to/speak to him again. He is mean.
47. I am not going to say anything. It is ok.
48. You are not going to like it/this. It is a bit/a little/a little bit salty.
49. You are not going to need it. You can throw it away.
50. It is not going to rain. You don't have to take it.
51. It is not going to work.
52. It is not going to hurt.
53. It is not going to finish/end soon.
54. It is not going to take long.
55. We are not going to be late.
56. It is not going to be easy. Cheer up!
57. It is not going to be expensive.
58. It is not going to be far.
59. It is not going to be bad.
60. It is not going to be hard/difficult.
61. Are you going to go now?
62. What time are you going to arrive?
63. What are you going to say?
64. Where are you going to stay/be?

65. What are you going to do now?
66. What time are you going to call?
67. Are you going to use it/this?
68. Are you going to go, too?
69. How are you going to tell him?
70. Which one are you going to buy?
71. When are you going to do it/that?
72. What are you going to do with it/this?
73. What are you going to order?
74. When are you going to come?
75. How are you going to do it/this?
76. How are you going to fix/solve it/this?
77. Are you going to get married?
78. Are you going to break up with him/her?
79. Are you going to walk there?
80. Are you going to work tomorrow?
81. Where are you going to go this summer?
82. Are you going to answer the phone? / Are you going to take it?
83. When are you going to decide and let me know?
84. How are you going to go there?
85. Is it going to rain?
86. Is it going to snow on Christmas?
87. Is it going to take long?
88. How long is it going to take?
89. Is it going to work?
90. Is it going to hurt?
91. Is it going to fit?
92. Is it going to look good on me? / Is it going to suit me?
93. Is it going to be easy?
94. Is it going to be ok?
95. Is it going to be a problem?
96. Is it going to be fun/funny?
97. Is it going to be hard/difficult?
98. Is it going to be heavy?
99. Is it going to be possible?
100. Are you going to be ok?

Review

1. You can change it any time.
2. I want to change it.
3. I'd like to change it.
4. I will change it.
5. I can change it now.
6. I am going to change it today.
7. I think I should change it now.
8. I have to change it as soon as possible/a. s. a. p.
9. I wouldn't like to change anything.
10. I shouldn't change it now.
11. I can't change it now.
12. I won't change it again.
13. I don't have to change it.
14. I am not going to change it again.
15. Can I change it now?
16. Why are you going to change it?
17. Do you want to change it with me?
18. Do I have to change it?
19. Can you change it?
20. Why do you want to change it?
21. Do you think I should change it?
22. Would you like to change it with me?
23. Shall I change it?

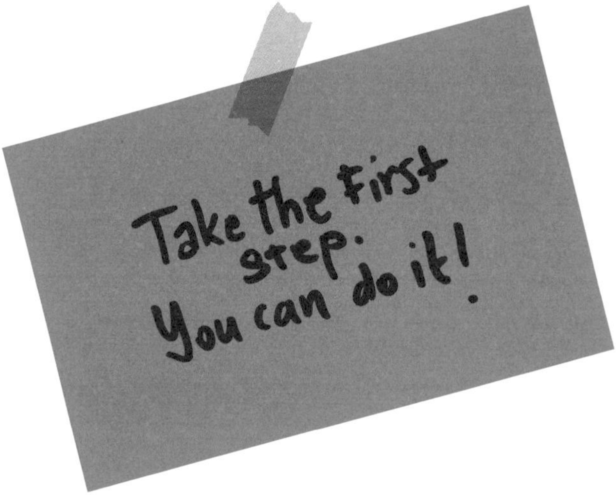
Take the First step.
You can do it!

기초영어 1000문장 말하기 연습

2019년 10월 31일 초판 1쇄 발행
2024년 7월 1일 초판 9쇄 발행

지 은 이 │ 박미진
펴 낸 이 │ 서장혁
기획편집 │ 이경은
디 자 인 │ 정인호

펴 낸 곳 │ 토마토출판사
주   소 │ 서울특별시 마포구 양화로 161 케이스퀘어 727호
T E L │ 1544-5383
홈페이지 │ www.tomato4u.com
E-mail │ support@tomato4u.com
등   록 │ 2012. 1. 11.
I S B N │ 979-11-90278-07-2 (13740)